講談社選書メチエ

506

「社会」の誕生

トクヴィル、デュルケーム、ベルクソンの社会思想史

菊谷和宏

MÉTIER

序　分解する現代社会――「社会」という表象

社会に生きるということが、これほどまでにつらい営みになってしまったのは、一体いつからなのだろうか？　そして、なぜ？

世紀をまたいでまだ十年。しかしこの十年間で、最低限の社会的な良識が見失われてしまったように感じられる。以前から存在してこそいたものの常に後ろめたさと不可分だった嘘やまがい物が、「裏に隠れて」ではなく、「表立って堂々と」跋扈するようになってしまった。いつまでも終わらない戦争・紛争、頻発するテロリズム、国際的な権力構造による必然的で永続的な貧困といった悲惨な状況さえ、解決すべき異常な事態であるよりもずっと日常的で通常の事態、「ありふれた」「当たり前のこと」と感じられるようになってしまった。

いや、こんな大きな世界の話でなくとも、会社や学校、地域や家庭というごくごく日常的で身近な社会領域でも同質の「雰囲気」を、良識の弱体化と諦めの空気を、さらには物理的・精神的暴力の肯定を感じている人は少なくあるまい。陰湿で忌むべきおこないだったはずの弱い者いじめや、周囲の他人や次世代の人々をまるで顧みない利己的・保身的な振る舞いが、むしろ「生き残り」のための

「合理的な」「正しい」行為と看做されてしまっている。そして我々はこの状況に、苦しみながらも、「慣れ」つつある。

「人間社会など、人の世など、所詮そんなものだ」と言われるかもしれない。しかし、我々が直面しているこの世界では、もはや、明らかな欺瞞による殺戮さえ正当化され、世界の衆人環視の中で堂々と、「公的に」おこなわれるようになってしまっているのだ。

現代世界のこの根底的な変質の渦中で、ある人々はこれに抗い、またある人々はこれに荷担している。そして最も多くの人々は、不安を感じつつも「時代の流れ」と諦め、自ら考える自由を放棄して、「流されて」いる。「そんなこと言ったって、自分のような『普通の人間』には、どうしようもない」と自らを慰めごまかしながら生きている。

この現状を全体としてみれば、要するに、一体何が「本当のこと」なのか誰にもわからなくなってしまっているのだ。何が事実で何が事実でないのか、何を是とし何を否とすべきか、本当のところ、わからなくなっているのだ。

もちろん、「本当のこと」が全面的に理解されたためしなど人類史上一度もないだろうし、また「本当のこと」それ自体非常に多様であって、人や立場による差異も大きいだろう。しかし、今まさに我々が直面している事態は、それらのことを了解した上でなお極めて「悲惨」なのだ。今我々は、大規模で根底的な分解過程を生きているのだ。つまり、これまで社会生活の最低限ぎりぎりのところで「これはこうだろう／それはちがうだろう」と暗黙の内に了解し合ってきた「現実」が、これまで問われるまでもなく自明であった生きられる「事実」が、これまでごく自然に承認され尊重されてきた我々の社会的生のあり方が、裏切られ、疑われ、見失われているのだ。その結果、この大変動に対して我々は、「(経験的事実に基づかずに) 信じて」または半信半疑で従ったり、反発したり、または思考停止に陥って、ただ何も考えずにあたかも「物のように」流されたりせざるをえなくなっているのだ。

この事態を正確に捉えるとすれば「我々が生きる現場としての世界の確実性と普遍性の喪失」と言いえよう。いや喪失というよりも忘却、紛失、失認、やはり正しくは「見失い」だろう。それは、我々が皆「共に生きている」という、あらためて言われればまったく当たり前の現実的事実それ自体を把握し損ない、見失ってしまったこと、さらに言えばこの「共に生きている」という我々の生の基盤それ自身の奥底からの否定であるようにさえ感じられる。

近年ますます語られる経済格差や教育格差の一層の拡大を背景に、我々の各人の目には、これまで共に社会を成していたはずの他人が、社会的な立場や状況を異にしてはいても同じ人間であったはずの隣人が、「いつでも自分がその立場に立ちうる同類者」とは映らなくなってきてはいないだろうか？　彼らはむしろ、自分とは質的に異なる存在として、言い換えれば「私が人間であることと同じ意味において人間である」とはとても思えない存在として、我々の相互に、日常的にますます立ち現れるようになってきてはいないだろうか？　そう、まさに我々の社会は分解中なのだ。

ではこの、人間が、我々が、現代において「共に生きる・共に生きている」とはいかなる事態なのか。その根底には何があるのか？　言い換えれば、社会とは結局何なのか？　日々他者と共に生きているとは、一体どういう事態なのか？　本書の問いはこれである。

このために、現代において我々が人間社会と呼び生きているこの「社会」なる概念の由来、その歴史的生成を振り返ってみたい。というのも、現代社会の常識とは異なり、「人が一緒に生活しているということ」「我々が共に生きているということ」イコール「社会」、ではないからだ。社会とは歴史上のある時点で生まれたもの、それ以前には存在しなかったものだからだ。人間は、社会というあり方以外の、なおかつ孤立ではない生き方をかつて営んでいた。それなのに、歴史の流れの中で、自らを社会で生きる（ほかありえない）存在と認めた。現代社会が根本的に変質し分解しつつあるとすれば、その行く末を見据えるためにも、この社会なる特殊な生き方の有り様とその理由を、根底からしっかりと摑んでおく必要があろう。


この問いを展開する具体的な場として以下、アレクシス・ドゥ・トクヴィル（一八〇五―一八五九）、エミール・デュルケーム（一八五八―一九一七）、アンリ・ベルクソン（一八五九―一九四一）の思想を、その背景たるフランス近代史との密接な連関において取り扱う。これが本書の主たる内容となる。

その理由は、何よりもまず、社会なるものを一つの「まとまり」として明確に対象化した最初の体系立った試みこそが「社会学」、とりわけ十九世紀後半から二十世紀初頭にかけてデュルケームがフランスで創始した実証主義的社会学だからだ。その成立過程の検討は、我々の問いにとって明らかに不可欠である。

そこで本書では、デュルケームを中心に置く。そしてその前方に、デュルケームに先立ちその社会学を準備した者として、彼と同じフランスに、ただし一世代前に生まれた社会思想家・歴史家トクヴィルを置こう。トクヴィルの議論とその歴史を検討することによって、人類始まって以来常に存在してよさそうな「社会」なるものが、実際にはなぜ歴史上の特定の時点に出現したのかを具体的に理解することができる。

デュルケームの後方には、彼と同時代のフランスに生まれ彼よりも長く生きたデュルケーム社会学の批判的な後任者、いわば「敵対的な後継者」として哲学者ベルクソンを置こう。これによって、デュルケーム以後の社会思想史の展開とその現代社会とのつながりを深く理解することができる。

以上が本書の主軸を成す。アカデミックな社会思想史であり、しかもこの三者を一つの流れとして描いた研究は学界でも類例が無く、その意味であまりなじみのない話ではあろう。しかし、読みやすさを考慮して一種の歴史物語としても書いてあり、論を追うのは容易なはずだ。

この主軸の理解を助ける補足的な議論を補節として二つ配置した。そこでは、思想家・学者の残した記述と歴史的事実を論拠とする主軸とは異なって、我々自身の身近な経験に即して議論が進められる。ぜひ読者各位自身の経験と照らし合わせて論の当否を確かめていただきたい。それは「ユニークな」読書体験となることと思う。

とはいえ、以上掲げたあまりにも大胆な課題に対して、このたった一冊の書物で全面的な解答が得られるわけでは無論ない。このような大きな課題に対しては、経験に即し学問的な良心と方法論に従う以上、漸進的な接近しかできない。したがって、本書で明らかにできるのは問題のごく一部であり、派生的な論点や細かな論証は別稿[1]に譲らざるをえないだろう（そのための注を紙幅の許す限り整備したのでご参照いただければと思う）。

つまり本書は、あくまでフランス史とフランス社会学・社会思想の発展史を追いながら社会概念の一つの成立過程を明らかにし、もって我々が日々もはや反省なく用いている社会という「表象」をあらためて省みて理解するきっかけを与えるものに過ぎない。しかし、本書のこのささやかな試みは「現代社会とは一体何か・現代社会で生きるとはどういうことか」という、現代に生きる以上避け続けることのできない根源的な問いに対する一つの挑戦である。本書が、現代社会に生きる読者諸氏が自らこの切実な問いを考えるための「叩き台」となることを、切に願っている。

目次

第1章　トクヴィル：懐疑

1　超越性に包含された世界と人間——二月革命以前

「神の御業」としての世界

我々の日常的な常識と異なり、「社会」も「人間」もずっと以前からあったわけではないようだ。いや、もちろんあらゆる概念の発生と同様「社会」という概念も、いつからとは特定しづらい長い過程の産物であり、その意味ではそれ以前にもあった。また人は有史以前からずっと複数の個人の間で関係を築きながら——家族、親族、部族、村落等々——「共に生きてきた」ようであるし、その意味では人類の発生以来「社会」も「人間」も存在したと言えなくもない。しかし、今日我々が社会の名の下に思い描く像、とりわけその典型の一つである、国家をモデルとする、国境線を模した輪郭のはっきりした一つの「まとまり」、一つの機能的に重層化された組織、人間の相互的連関の総体としてのいわゆる「全体社会」が観念されるようになったのはまったく最近のことなのだ。

この点を明確にするため、まずは我々が普段「社会」と呼んでいるものの生成過程を振り返り、この概念の外延・輪郭を確定することから始めよう。そのためにまず、アレクシス・ドゥ・トクヴィルの社会理論と彼の歴史的経験を検討したい。一般にフランス社会学史において社会と社会現象を固有の対象とする一学問、社会学を実際に成立せしめたのはエミール・デュルケームであるとされている。しかし彼も十九世紀後半にいきなり、それ以前の歴史と無関係に新奇な学問を創始したわけではない。前史が存在する。そしてこの前史の重要な一部、いわば直前史こそ——通常それは社会学という名詞の創作と実証主義の歴史からオーギュスト・コント（一七九八—一八五七）であるとされているが——以下に見る通り、むしろトクヴィルであるように我々には思われるのだ。

民主主義論の古典的論者として名高いトクヴィル。しかし彼の民主主義論はその基層において、我々が今日想像するようなものではなかった。そこで論じられた民主主義は人間たちが織り成す一つの政治制度に留まるものではなかった。今日そのように読まれうることは確かであるが、しかしこの十九世紀フランス貴族の民主主義論は、有限な一つの「まとまり」としての民主主義社会について論じたものではない。フランス貴族として生を享けた、したがって当然にカトリックであった彼の社会理論構築は、神の御業の探究であり、その「社会」は、他のすべてのものと同様神性に基礎付けられていた。

『アメリカのデモクラシー』（第一巻1835、第二巻1840）序論においてトクヴィルは、この書の全体的な意味を以下の通りに語る。

諸条件の平等の進展はフランスに特有なものではない。我々がどこかに目を向けると、すべてのキリスト教世界で続いているこの同じ革命が見つかるのである。

あらゆる所で、諸民族の生の様々な出来事が民主主義に貢献しているのが見られた。すべての人間（hommes）はその努力によって民主主義を助成していた。民主主義の成功に貢献しようと思っていた者も、民主主義の役に立とうなどとはまったく考えていなかった者も、民主主義のために闘っていた者も、民主主義の敵であると宣言していた者でさえも、全員が同じ道にごたまぜになって押し進められていた。すべての者は、あるいはその意に反して、あるいは自覚なしに、神の手の中の盲目の道具として協力していたのである。

それ故に、諸条件の平等の漸進的な発展は、神の摂理による事実（un fait providentiel）であり、そのような事実の主要な性質を持っている。すなわち、それは普遍的であり、永続的であり、日々人間の力を超えている。……

読者がこれから読む著作の全体は、何世紀もの間あらゆる障害を越えて前進し、今日もなお自ら作った廃墟の只中を進んでいるこの抗い難い革命を見ることで著者の魂の内に生まれた、一種の宗教的畏怖の印象の下に書かれたのである。

我々が神の意志の確証を見出すためには、神自らが語ることは必要ではない。自然の習慣的進行と諸々の出来事の持続的な傾向がどのようであるかを調べれば十分である。創造主が声高に語らずとも、神の指が指し示した曲線を宇宙で天体が辿っていることを私は知っている。

長期にわたる観察と真摯な黙考によって、今日の人間たちが、平等の漸進的な発展は、彼らの歴史の過去でありまた同時に未来でもあることを認識すれば、この発見のみによって、この発展が主の意志の聖なる性質を持つと認められよう。その時、民主主義を止めようと望むことは、神自身に対して闘うことと感じられるであろう。そして諸国民には、神の摂理が課す社会状態に順応する以外に道は残されないであろう。（Tocqueville 1835：4-5 ＝上 14-15：強調引用者）

このように民主主義の発展を、普遍性・超人性を持つ神の摂理の顕現と捉えるトクヴィルにとっては、その中で生きる「人間」なるものもまた、神的超越性のまなざしの下で初めて普遍性を持った存在として、同類性・平等性を持つ一つのまとまり＝「人類」として把握されうる。

［古代］ローマとギリシャとの最も深遠かつ最も博識な天才たちでも、人間の類似性について、そして人間の一人一人が生まれながらにして自由に対して持っている平等な権利について……ある観念に到達することはできなかった。……

……彼らの精神は……奴隷制に縛られていたのである。そして人類（espèce humaine）のすべての成員がその本性において（naturellement）類似しており平等であるということが理解されるには、イエス・キリストが地上に到来し給うことが必要であった。（Tocqueville 1840：22 ＝上 36-

37)

このように、『アメリカのデモクラシー』執筆時点のトクヴィルにとって、人間が互いに類似し平等であるということ、つまり、この世界に存在する個々の「なにものか」を「人間」として斉一的に把握することを可能としているもの、そのような認識を基底において保証しているものは、キリスト教（カトリシズム）であり、俗世を超越した神と呼ばれる人間の力を超えた計り知れないなにものか、すなわち神的超越性なのである。

しかるに、この神的超越性に依拠した人間認識は、次のようなものでもあることに留意する必要があろう。すなわち、人間は現世の世俗的な存在としては――まさしく古代ギリシャ・ローマにおける市民と奴隷がそうであった通り――必然的に同類・平等であるというわけではないということ、あくまで神との関係において、超越的本質としてのみ人間は人間として把握されうるということ、である。つまり、世俗世界における不平等、例えば異なる身分・階級などは、そもそも「平等・不平等」などという比較が初めから成り立たない、現世では互いに本質的に異質な存在として把握されるのだ。

このような民主主義社会観は、二十一世紀に生きる我々にとって確かに奇妙である。しかし、次のような彼の生い立ち、彼の背負った貴族的伝統に鑑みれば、トクヴィルとその時代にあっては、決しておかしなものではないことも理解されよう。

「世界」から剝がれ落ちる「社会」

一八〇五年七月二十九日、パリにおいて、アレクシス・ドゥ・トクヴィルはこの世に生を享ける。時はナポレオン率いる第一帝制の初頭であり、フランス革命勃発から十六年、革命の混乱と、その後も絶え間なく続く政治的混乱が、皇帝の出現によってようやく終止符を打たれるかという時代であった（もちろん、皇帝の出現も、さらに続く混迷の一場面でしかなかったのだが）。

アレクシスの父親エルヴェ・ドゥ・トクヴィルは、この時三十三歳。したがって、革命を直に、青年貴族として経験した世代であり、一七九一年には亡命貴族軍に加わり、王党派として実際に戦っている。彼はノルマンディーの由緒ある貴族であり、その家系は確実に十二世紀まで、さらにおそらく一〇六六年のノルマンコンクェストにおけるノルマンディー公ウィリアムの仲間の一人にまで遡ることができる。

アレクシスの母親ルイーズ＝マドレーヌ・ドゥ・ロザンボもこの時同じく三十三歳。当然、夫と同じ革命の――恐怖の――体験を経ている。父親はロベスピエールの恐怖政治の中で処刑されており、自身と夫も逮捕され、（処刑に至る前に辛くも）テルミドール九日のロベスピエール派失脚によって生き延びている。

したがって、アレクシスの生まれたトクヴィル家は、王党派貴族、それもブルボン家を支持する正統王朝派であり、したがって（この時代の王党派フランス貴族としてまったく）当然カトリシズムの家系である。しかもこうした特徴は決して形だけのものではなく、親の世代の過酷な革命経験によって心情的にも強化されていたようである。実際、親族だけの食卓ではルイ十六世を想って皆涙したとのアレクシスの回想も存在し、またエルヴェはこの後ずっとユルトラ（Ultra 過激王党派）であったし、ルイーズに至っては「フランスに宗教［カトリシズム］と正統［ブルボン］王朝が戻ってきて再征服をおこなう可能性を信じ込んで」（Jardin 1984：42 = 51）さえいたのである。[1]

このような伝統と環境の下に生まれた人間として、当然アレクシスも、特にその幼年期から少年期において、良き王党派であり良きカトリック教徒であったと考えられよう。もちろん、当時の彼自身の告白が残っているわけではない。しかし、残された数少ない記録によれば「彼［アレクシス］自身も第一次王制復古の時には、家族の熱狂ぶりを分かち持ち、ナポレオン像の引きずりおろしを見に行って、『国王万歳』を叫んだ」（*ibid.*）とのことである（当時アレクシスは八歳であった）。

しかし、トクヴィルの書物が今日不朽の古典の座を獲得したのは、このまるで中世ヨーロッパ貴族のような認識によってではない。彼は、このような超越的世界観を保持する一方で、見事な現実社会の分析、すなわち民主主義の研究をもおこなった。その際用いられた、現実に対する認識視角こそよく知られた彼の「習俗」概念である。

私はここで習俗（mœurs）という表現を、古代の人々がモーレス（*mores*）という言葉に付与した意味で理解する。私はこれを心の習慣（habitudes du cœur）と呼ばれうる固有の意味での習俗に適用するのみならず、人々が持っている様々な概念、人々の間で流通している多様な意見、そして精神の習慣が織り成されている諸観念の総体にも適用するのである。

それ故に私は、この言葉の下に、一人民のすべての道徳的知的状態（tout l'état moral et intellectuel d'un peuple）を含意させるのである。（Tocqueville 1835：300＝下211：強調原著者）

そして、習俗と呼ばれたこの知的道徳的世界のまとまりについて、つまり共に社会を成す人間の共通性について、次のように語る。

……人々の間にそのような［＝互いに似通った］信仰なくして存続する社会というものはないということは明らかである。なぜなら、共通の観念なくして共通の行動はないし、また共通の行動なくしては、人間は存在しても社会体（un corps social）が存在することはできないからである。それ故に、社会がありうるためには……市民（citoyens）すべての精神が、いくつかの主要観念によって結集し団結していなければならない。そしてこれは、市民一人一人が時々自らの意見を同じ一つの源泉から汲み取り、［彼ら各人にとっては］完全に既成のものである多くの信仰を受け入れることに同意しなければ、ありえないことである。

……それ故に、どんなことがあろうとも、知的道徳的世界のどこかには常に権威（l'autorité）がなければならないのである。その場所は様々でありうるが、しかし、権威は必ずどこか一つの場所にあるのである。(Tocqueville 1840：16-17＝上 26-28)

つまり、個別的で有限の存在である人の形をした「なにものか」が世俗的な現世を織り成すには、この知的道徳的世界、習俗の世界のどこかに、それらの諸存在が「同じく人間」であることを保証する、その同類性の源泉としての権威が措定されねばならない。そうであって初めて我々は、超越性を含んだ「世界」全体の中で「人類」たりうるのである。

一言で言えば、トクヴィルの世界認識は一種の分離過程に、「世界」から「社会」が剝がれ落ちる途上にあるのだ。そのために彼の思考には一種のねじれが生じている。一方で神的超越性を基盤に民主主義社会を分析しつつ、他方で神を不要としうる世界認識を構築しようとしているのだ。万物の在り処としての世界はその根底に疑いなく神的超越性を持つ。民主主義の進展は神の摂理それ自体によって命ぜられており、それは人間が構築する政治制度でも社会制度でもまったくない。ところが他方この超越的基盤の上では、あたかもそのような基盤など必要ないかのように、世俗的な人間たちの世界、「習俗」の世界が措定され、これを支える知的道徳的世界の内部にある、したがって神ならぬ一つの権威さえ措定され、今日の目から見ても見事な「社会」分析がおこなわれる。

そして、この二つの世界、いわば神的超越的世界と人間的世俗的世界は、トクヴィルの中でさえ、次第に乖離してゆく。その結果、トクヴィルは次の「予見」に至るのだ。

> 民主的諸人民は［将来］、神的使命をたやすくは信じず、新しい預言者達を容易には相手にせず、人間性（l'humanité）を超えたところにではなくその限界の内に自らの信仰の主たる審判者を見出そうと欲するであろう。（*ibid.*：17＝上29：強調引用者）

終わりのないひろがりに生きていた人間たち

さて、以上若い頃のトクヴィルに即して見た世界認識のあり方を、先に我々が立てた問い、我々自身の社会概念の輪郭に対する問いに即して換言すれば、以下のようなものとなろう。すなわち、そもそもは人間たちが織り成す諸関係の総体としての社会なるものの輪郭はまったく明確ではなかった。そのような輪郭など存在していなかったと言った方がよいかもしれない。人間の社会は神の世界と不可分であり、社会は世界の中にいわば溶け込んでいたのだ。社会（société）とは一つのまとまりではなく、むしろ社交、現代語でいうコミュニケーションのことであった。一つのまとまりとは社会よりもむしろ世界であり、それは超越性を含む全体であった。そしてもちろんそのような世界は神性を含む以上「無限」であり、明確な輪郭など持ちようもなかった。そのため世界は物のように対象化／客体化し（objectiver）操作しうるものではなかったし、またこの意味において人は「枠」の中で生きてはいなかった。人は終わりのない「ひろがり」の中で生きていたのだ。

もちろん、トクヴィルにおいては、この「溶け込み」は、今見た通り完全なものではなかった。彼は、現代的な意味での社会概念登場の最後の一押しの所、世界からの社会の浮上過程の最終段階にいる。だからこそ、神的世界観で民主主義社会の分析を押し通すのではなく――無論それはカトリックの立場を一貫させれば可能だったはずだ――神的世界観を基底に持ちつつ半ば分離することで世界を文字通り「分（離）析（出）」し、「習俗」という神ならぬ人間たちによる世俗的なまとまりを意味する概念を用いたのだから。このことは、大部の書物『アメリカのデモクラシー』において長い考察を経た後、そのほぼ最後尾に置かれた、以下のようなある種折衷的な文章によく表されている。

> 神の摂理（la Providence）は、人類（genre humain）をまったく独立的なものとしても、まったく隷属的なものとしても造り給うてはいない。神の摂理が、すべての人間の周囲に、脱することのできない宿命的な円環を描いているのは本当である。けれども、人間はその広大な限界の中で、強力であり自由であるし、人民（peoples）もまたそうである。（*ibid.*：339＝下282）[2]

2　世俗世界の分離、「社会それ自体」の出現——二月革命

二月革命の予感

さてしかし、このようにいわば二重化された既に不安定なトクヴィルの世界観は、否定しようのない歴史的現実によって大きな衝撃を受ける。七月王制が崩壊し第二共和制が成立した、そして彼自身下院議員として当事者の一人でもあった、一八四八年二月革命である。

二月革命の始まりとされる二月二十二日のパリ人民蜂起に先立ち、既に前の月からパリには不穏な空気が流れていた。とはいえ、誰も彼もがその気配を感じ取っていたわけではなく、むしろすぐに革命の舞台に登場する役者たちのほとんどは、特に政治家たちは、七月王制末期の弛緩した雰囲気の中で安穏と日々を過ごしていた。実際、共和派の政治家たちでさえ、まさか翌月共和制が樹立されるとは夢想だにしていなかったのである。

しかし、特に敏感な者たちは、常ならぬ空気を感じ取っていた。明らかにその一人であるトクヴィルは、一月二十七日下院（Chambre des députés）において、まるで革命を予言するかのような演説をおこなっている。

私は恐れています。皆言っています、危機などまったくない、騒乱が起こっていないのだからと。皆言っています、社会の表層に物質的な混乱がないのだから、革命には程遠いと。

下院議員の皆さん、失礼とは思いますが、皆さんが間違っていると私は信じています。おそらく混乱は事実の中にあるのではありません。それは人々の精神の奥底からやってきたのです。労働者階級の胸中で起こっていることをご覧なさい。今のところは平穏だと私もわかっています。確かに彼らは、かってそうであったほどには、固有の意味での政治的情熱に苛まれてはいません。しかし、彼らの情熱が、政治的なものから社会的なものに変わったのがわかりませんか？彼らの胸の内で、次第に、意見や観念が拡大してゆき、単にあれやこれやの法・省庁・政府自体に留まらず、社会をひっくり返すところにまで行き着こうとしているのが、そして今日社会が打ち立てられているその基盤が揺さぶられるところにまで行き着こうとしているのがわかりませんか？毎日彼らが心の中で言っていることが聞こえませんか？彼らが絶えず繰り返し言っているのが聞こえませんか？現在自分たちより上位にいるすべての者たちには、自分たちを統治する能力もなければその品格もないと。これまでこの世界で為されてきた富の分配は不公正であると。所有は公正な基盤の上に立ってはいないと。このような意見が根を張り、ほとんど全土に広まり、大衆の中に深く浸透した時、遅かれ早かれ、いつどのようにかはわかりませんが、遅かれ早かれ最も恐るべき革命へと導かれるに違いないということを、皆さんは信じられないと言うのでしょうか？
皆さん、これは私の深い確信です。私たちは今まさに火山の上で惰眠をむさぼっています。私はそれを心底確信しています。（Tocqueville 1848：750：強調引用者）

実際、議会の外では、選挙制度改革と議会改革について考えるいわゆる改革宴会（banquet）がフランス各地でおこなわれていた。政治集会が禁じられていたために宴会の形を取りつつ、乾杯の音頭として演説・宣伝をおこなうという集まりである。

当時、七月王制末期の規定では、下院議員の選挙資格は年二百フラン以上の納税者に制限されていた。それは当時のフランス人人口約三千万に対してたかだか二十四万に過ぎず、またその内訳も金融資本家や大土地所有者などのいわゆる上層ブルジョアに限られていた。そして時の首相ギゾー率いる政府は、代議士としての彼らに利権を配分し、事実上彼らのためだけの国政運営をおこなっていた。要するに、腐敗していたのである。

この政治的腐敗の根源をこの選挙制度にあると考え、七月王制を支持しつつもイギリスのような立憲王制を目指していたオディロン・バローら王朝左派およびティエールら中道共和派は、制限選挙の緩和を目指して、一八四七年七月からこの改革宴会の運動を始めた。この点では、この運動は革命的なものであるというよりは、はっきりと体制内の改革運動であった。しかし、この動きは、予想外に広範な支持を集め、多様な政治勢力が参集し、同年十一月急進共和派（急進左派）ルドリュ＝ロランが明確に制限選挙の撤廃、すなわち普通選挙権を要求するに及んで以降、急速に先鋭化してゆく。とはいえ、この運動を開始しリードした政治家たちが、王朝左派から急進共和派に至るまで誰も革命を意図してはいなかったのも確かである。むしろ「これら諸派は、革命を予定したのでも計画したのでもなく、逆に、民衆蜂起による革命的騒擾を回避するため、議会改革を企図した」（中木 1975：上 96）のである。

二月革命勃発と六月事件

ところが、事態はこれら多様な政治勢力のいずれの思惑をも超えて進んでゆく。一八四八年二月初頭、パリ十二区において国民軍（民兵組織）を中心に改革宴会が企画された。パリ十二区といえば、民衆（peuple）の居住が多く、民衆運動の際にしばしばその中心の一つになってきたところであった。そんな地域で、二月二十日——民衆が集まりやすい日曜日——に改革宴会をおこなうことが決められたのである。この決定に対し、親政府・反政府という立場を超えて危険を感じた政治家たちは、急遽この改革宴会を、民衆居住地区から遠いシャンゼリゼのヴェルサイユ通り沿いでおこなうよう指示し、日取りも二月二十二日火曜日に変更した。ところが、一連の動きの中でむしろ気運の高まっていた改革宴会運動に危険を感じたギゾー政府は、前日になってこの宴会をも禁止した。ここで事態は政治の水準をはっきりと超え、民衆（人民）の、社会的な水準の運動へと決定的に変化する。政府の禁止命令にもかかわらず、政治諸派の思惑や動きをあざ笑うかのように、二十二日、パリ人民は蜂起した。ここに、民衆によって、いわば自然発生的に、二月革命が勃発したのである。彼らはパリ市内の各所にバリケードを築いて頑強に抵抗し、さらに政府が召集した国民軍の一部も反乱に荷担したため、市街戦はパリ民衆側の圧倒的勝利となった。翌二十三日ギゾーは国王ルイ゠フィリップによって罷免され、さらに翌二十四日ルイ゠フィリップ自身が退位に追い込まれる（のちイギリスに亡命）。そして同日、誰も予想も、希望さえもしていなかった共和国臨時政府が、穏健共和派ラマルティーヌを首班として、急進共和派ルドリュ゠ロラン、社会主義共和派ルイ・ブラン、労働者代表アルベールらによって樹立されるに至り、騒乱は誰の目にもはっきりと革命として認められたのである。

革命の過程はこの後も目まぐるしい変化と共に進行する。臨時政府は、人民の要求に応えて（というよりも屈して）、失業対策と政府による民衆把握の意図の下、二月二十五日失業者を国家が雇用し土木工事にあたらせる国立作業場を設置し、さらにルイ・ブランを議長とする「労働者のための政府委員会」、通称「リュクサンブール委員会」を設置する。四月二十三日には二十一歳以上の男子を有権者とする（その数は一挙に九百万人に増えた）直接普通選挙による憲法制定議会選挙が実施される。しかし、失業の急増など経済状況の深刻化に加え、議会選挙が結局のところ地方の伝統的な名望家支配に屈し王党派と穏健共和派の勝利に終わったことに失望した――革命を自発的に起こすほど急進的な――パリ人民は、さらに急進化し、五月十五日遂に暴動を起こす（五月十五日事件）。彼らは議会に侵入してその解散を宣言し、ルイ・ブランや革命家ブランキを含む新臨時政府の設置を要求した。対して政府・議会側は、軍隊を用いてこれを鎮圧。ブランキは逮捕された。次いで翌十六日、設置当初から政治的には実権を伴っておらずかえって民衆運動の拠点となってしまったリュクサンブール委員会は廃止された。

この五月十五日事件を境に、政府は民衆に対する懐柔政策から全面的弾圧へと舵を切る。五月十五日の暴動に多くの国立作業場労働者が参加しており、この施設が民衆把握の手段として機能していないことが明らかになると、その存続は政治問題化し、また財政危機の中で経済的にも国費に対しかなり重い負担であったことから、遂に六月二十一日、国立作業場の事実上の廃止とその労働者の地方土木事業または軍隊への強制編入が布告される。この布告に対し、民衆側は二十二日、政府にその撤回を要求。しかし強硬に拒否されるに至り、パリ市内各所に、またしても自然発生的に人々が集結し始める。翌二十三日民衆側はパリの半分にバリケードを築き、政府軍に抵抗。二十四日には戒厳令が敷かれ、時の陸軍大臣ルイ・ウージェーヌ・カヴェニャックに反乱鎮圧の全権が委任された。こうして、六月事件（Journées de juin）とも六月蜂起（Insurrection de juin）とも呼ばれる闘いが勃発したのである。二十五日、「セーヌ川を血に染めた」と言われる激烈な戦闘が開始された。和平交渉の仲介者パリ大司教も射殺され、政府軍の複数の将軍が反乱軍に殺された。しかし、それでも政府の弾圧は熾烈を極め、翌二十六日、遂に蜂起は鎮圧された。逮捕者は約一万二千人、ある者は軍法会議、他の者は裁判なしでアルジェリアに追放。また逮捕と同時に銃殺された者も多かったとされる。しかしこうして、改革宴会に始まる二月革命の一連の過程は一応の終結を迎えた。「これが六月事件であった。必然的で痛ましい事件であった。それはフランスから革命の火を消し去りはしなかった。しかし少なくとも一時の間、二月革命に固有の仕事と言いうるものに終止符を打ったのである」（Tocqueville 1850-51：178＝287）。

「社会それ自体」の発見

この通り、したがって、確かに、トクヴィルがあまりにも鋭く「予言」した通り、この革命は、政治の水準にではなく、より深い社会そのものの水準に、「社会が打ち立てられているその基盤」の水準にその真因を持っている。少なくとも、政治家たちの世界の論理では、革命の勃発自体説明できないのである。そしてその真因について、革命をすべて経験した後のトクヴィルは、次の通り、その根底において理解するのである。それは一つの認識上の革命でもあったのだ。

トクヴィルは『回想録』（1850-51）の中でこの革命の衝撃について以下のように語っている。

> 私はこの日［一八四八年二月二十五日］、二つのことに特に強く印象付けられた。その第一は、今まさに達成されたばかりの革命の人民的な性格（caractère populaire）であった。……この革命は、語の厳密な意味での人民（peuple）、つまり自ら働いて生活する階級に、他の階級を圧倒するような全能の力を与えたのである。（Tocqueville 1850-51：91＝123）

> 二月二十五日から千もの奇異な体系が、猛烈な勢いで改革者たちの精神から噴き出し、群衆の混乱した精神の中に広まっていった。王権と議会を除く他のすべてはまだ倒れていなかったが、革命の衝撃で社会それ自体が粉々に分解してしまうのではないかと思われた。そして、その後に打ち立てる構築物にどのような新しい型を与えるべきかについて、各人各様の設計図を提案し競い始めたようだった。……ある者は財産の不平等を打ち壊せと主張し、他の者は知識（lumières）の不平等をなくせと言う。第三の者は、最も古くからの不平等、つまり男女間の不平等をなくすことを計画していた。貧困に対する特効薬や、人類発生以来の苦悩の種である、労働に伴う弊害への対策が指摘されたりした。

こうした理論は、それぞれずいぶんと異なっていて、相互に矛盾することもしばしばで、敵対するものすらあった。しかし、これらすべては、政府よりももっと底辺のところに狙いをつけ、それを支える社会それ自体に到達しようと努力していたのであり、社会主義という共通の名称を掲げていた。

社会主義は、二月革命の本質的な性格として、また最も恐るべき思い出としてあり続けるであろう。共和制は目的としてではなく手段としてのみ、かろうじてそこに現れてくることになるであろう。（*ibid.*：95 ＝ 130-131：強調引用者）

……［一七八九年以降］人民はまず、すべての政治制度を変えることで自らを助けようとしたのだった。しかしその政治制度をいくら変えても、自分たちの境遇は少しも改善されないか、改善されたとしても彼らの欲求の差し迫った状態からすると堪え難いほど緩慢だということがわかったのだ。こうして、遂に人民はいつのまにか、自分たちをその地位に閉じ込めておくものが政府の構成などではなく、社会それ自体を構成している不変の法則（lois）なのだということを不可避的に発見した。この事態は避けることのできないものだった。そしてまた人民が、自分たちにはこうした社会の法則を、他の制度を変えたのと同じように変えてしまう力と権利があるのかどうかと問い返すようになっていったとしても、それは自然なことであった。所有（propriété）というのは我々の社会秩序の基礎のようなものだから、この問題を取り上げてみよう。すると、所有の特権を覆いいわばそれを隠していた［他の］すべての特権が破壊されており、所有の特権が人間の平等に対する主要な障害物として残され、特権の唯一のしるしとして立ち現れているのだから、人民が今度はそれを根絶することになる、とまで私は言わないが、少なくともそうした考えが所有の特権を持たない者たちの心に生まれてくるのは、必然のことだったのではなかろうか。

人民の精神の中のこの自然な不安、人民の願望や考えのこの不可避の動揺、群衆の欲求や本能は、改革者たちがその上に数多くの怪物のような図柄、またはグロテスクな図柄を描くことになる、いわば布地を形作っているのだ。彼らの作品は滑稽なものだが、その下地になっているものは、哲学者も政治家も注目しうる、最も深刻な事柄なのだ。（*ibid.*：96 ＝ 132-133：強調引用者）

［革命勃発直前には既に］経済と政治に関する諸理論がそこ［＝人民の不快感］に出口を見出して姿を現し始め、人々の貧しさは神の摂理によるものではなく、法律（lois）によって作られたものであること、そして貧困は、基盤を成す社会を変えることによってなくせることを、大衆に信じさせようとしていた。（*ibid.*：84 ＝ 110：強調引用者）

また、六月事件（六月蜂起）についても以下のように捉える。

> 六月蜂起はわが国の歴史、そしておそらく他の国の歴史においても、今まで起こった中で、最も大規模で最も特異な反乱であった。……
>
> わが国でこの六十年の間に相次いで起こったこの種のすべての出来事の中でも、この事件を際立たせていることは、それが政府の形態を変えるという目的は持たなかったが、社会の体制を変えることを目的としていたという点である。実のところ、この戦いは政治的闘争（これまで我々がこの言葉に与えてきた意味での）ではなくて、階級の戦い、一種の奴隷戦争であった。社会主義の理論が思想の面で二月革命を性格付けたように、六月蜂起は事実の面で二月革命を特徴付けた。あるいはむしろ、母親から息子が産まれ出るように、ごく自然に、それらの思想から六月蜂起は生まれたものだった。（*ibid.*：151＝236-237：強調引用者）

このように、トクヴィルにとって二月革命の意味は、単なる政治的変動、すなわち七月王制の崩壊と第二共和制の成立には留まらなかった。それは、上記引用に見られる通り、神の摂理から独立した人間の世界としての「社会それ自体」が発見されたということであり、またこの社会の中では、人間の平等性はもはや神的超越的本質によって——現世における平等・不平等を不問に付しつつ——規定されるのではなく、それまでは「自ら働いて生活」せねばならない貧しい下層階級に過ぎなかった人民（peuple）[3]の名において規定されるということであった。つまり、王権が神授でないことはいうまでもなく、さらに以後はトクヴィルのような貴族さえももちろん含むすべての人間（homme）は人民（peuple）として、人民であるが故に同じ人間なのであり、この世で生きる世俗的な人間性そのままで、しかし政治的水準よりもさらに深い社会それ自体の水準でこそ同じ人間として普遍的に認識されるべきだと主張されたのだ。そしてそのような人間たちによって、社会は神を離れて、「人為的に」成されうることが、革命という衝撃的な歴史的事実をもってトクヴィルの眼前に示されたのである。二重化された世界が完全に分断されようとしているのだ。世界に溶け込んでいた社会が、世界と一体であり特に区別などなかった世俗世界が、それ自体の明確な境界線を確立しようとしているのだ。この世界は、「人民たる人間／人間たる人民」によって織り成される世界であり、もともと自ら働かなければ生活できない貧民という社会の一部しか指していなかった「peuple（英語のpeople）」の語は、ここに至って、「人間一般」すなわち「人々」の意味を持つことになる。

だからこそ彼は、このような意味での「人民革命（révolution populaire）」（*ibid.*：92＝124）がその根底において意味するものを次の通りに表現したのだ。

> そこではただ単に一党派の勝利が問題とされたのではなかった。一つの社会科学（une science sociale）が、一つの哲学（une philosophie）が、つまりあらゆる人間を教え従わせることのできる一つの共通の宗教（une religion commune qu'on peut enseigner et faire suivre à tous les hommes）と

でも言いうるものを確立することが、渇望されていたのだった。（*ibid.*：92 = 125：強調引用者）

「社会科学」が、このようにして要請される。歴史的現実としては、この「社会科学」は、もちろん社会主義の諸理論を指している。[4] しかし、それが含む意味はそこに留まるものではない。というのもそれは、社会科学というものが、世俗世界=社会において同類であり平等な存在という人間観を背景に、神の手を離れたいわば世俗宗教として歴史の中に登場してきたことを示しているからである。[5]

3　「人間」と「社会」の新生、「社会科学」の登場——二月革命以後

フランス革命という「宗教」がもたらしたもの

この歴史的に新しい世界認識は、旧体制（アンシャン・レジーム）期とフランス革命期に関する晩年の研究『旧体制と大革命』（1856）の中で一定の完成を見る。

宗教の習慣的特性は、人間という共通の基盤に一国の法律・慣習・伝統が個別的なものとして加えうるものにかかわりなく、人間を人間自体において捉えることである。宗教の主目的は、社会の形態から独立して、人間と神との一般的関係を、そして人間たち相互の一般的な権利と義務とを規制することである。宗教が指示する行為規則は、ある国またはある時代の人間に関係するよりも、息子、父、僕、主人、隣人に関係している。そういうわけで、宗教は、人間本性それ自体に基礎を持っており、すべての人間に等しく受け入れられ、そしてあらゆる所に適用されうるのである。……

フランス革命は、宗教革命が彼岸を目指して作用するのとまさしく同様に、現世と結び付いて作用した。フランス革命は、宗教が国と時代とから独立して人間を一般的なものとして捉えているのと同様に、あらゆる個別的社会の外で、抽象的に市民を捉えている。フランス革命は、フランス市民の個別的権利が何であるかということのみならず、政治に関して人間の一般的な義務と権利とは何かということをも検討している。……

フランス革命はフランスの改革を目指しているというよりも、人類の再生を目指しているように思われる。……この革命はそれ自体一種の新たな宗教、不完全な宗教となっている。本当のところ、その宗教は、神のない、礼拝のない、彼岸のない宗教ではあるが、それにもかかわらず、イスラム教のように全地上を、自らの兵士たち、自らの使徒たち、自らの殉教者たちで充満させた宗教である。（Tocqueville 1856：88-89＝113-115）

［フランス人はフランス革命において］不平等に対する激しく打ち消し難い憎しみによって……中世の諸制度の遺物をすべてその根底まで破壊しようと欲するところにまで、そしてその空き地になったところに人類（l'humanité）が達しうる限りの人間の類似性と平等な諸条件とを有する社会を打ち立てるところにまで、押し進められたのである。（*ibid.*：247＝405-406：強調引用者）

フランス革命という近代の源とも呼ぶべき歴史的現実に依拠しつつトクヴィルが辿り着いた世界と人間の認識は、これである。つまり、フランス革命は、宗教と同様に「人間」というものを「国と時代とから独立して」「一般的なものとして」捉えている。その限りでフランス革命は一つの宗教である。しかしこの宗教はそのような人間把握を「現世と結び付いて」おこなっている。この宗教には神も礼拝も彼岸もなく、したがってフランス革命が提供する人間性はもはや超越的なものではない。

かくして、遂に世俗世界、人間たちの世界は、神の超越的世界から決定的に分離される。人間の平等性・同類性は現世に委ねられ、その中で自立した。フランス革命以降の世に生きる「人間」は、世俗的な現世で行為する存在一般として完結した同類、「人類」「人間（性）」なのであり、だからこの現世において平等であらねばならないのである。

つまり、こうして遂に「世界」の中から、「習俗」の世界が、「知的道徳的世界」が、すなわち「社会それ自体」が抽出され、分離されたのだ。そして、分離されたこの領域、「社会」を対象として考察するものこそ、世俗に生きる人間一般とその相互行為を考察する学問、すなわち「社会科学」なのである。こうしてここに歴史的に新しい認識、「人間」と「社会」と、そして「社会科学」が、歴史的現実のインパクトの下で生み出されたのだ。そして以後我々はこの社会という領域、「神が造り給うた、脱することのできない宿命的な円環」の内側、世界の中に引かれた「人間的な」境界線の内側でのみ、狭隘で、他でもありうるという意味において非現実的なある境界、その中でのみ生きる「人間」となる。社会の地平線が世界の地平線となる。社会の境界線の外側の世界は、見失われる。[6]

神的世界と世俗世界のあいだで

しかし実際の歴史的な経過がこの通りだとしても、論理的にはこの「世俗宗教」とされた社会科学とそれが前提とする社会観・人間観に対するある種の胡散臭さは感じざるをえないだろう。神の手を離れて、人間がそれ自身として同類であり平等であるとは正確にはどのような事態なのか、これらが歴史によって現にもたらされた思考様式だったとしても、その内実は論理的にはまったく明らかではない。このぬぐい難い不透明さ、この深い懐疑をトクヴィルは死の二年前、ある手紙（スヴェチン夫人 Madame de Swetchine[7] 宛一八五七年二月二十六日付）の中で率直に告白している。

人間存在の問題は、私にとって常に気掛かりであると同時に常に私を打ちのめすものです。私はこの神秘的な謎（mystère）に没頭することはできず、といってそこから目を逸らすこともできません。この謎は私に、交互に興奮と落胆をもたらします。この世では、人間の生は不可解なものであり、あの世では、空恐ろしいものだと思います。私は来世を固く信じています。完全に正しい神が我々にこの観念を与えられたのですから。また私は来世において、善行と悪行の報いを受けることを固く信じています。神は我々に善悪を区別する能力を与え、また選択の自由を与えられたのですから。けれども、こうしたはっきりとした概念の彼方に、この世の境界線を超えたあらゆるものが、理解し難い闇（ténèbres）に包み隠されているように私には思われるのです。この闇が私を恐怖に陥れるのです。私のその後の人生（vie）全体に深い痕跡を残した青年時代のある事件についてもうお話ししたかどうかわかりませんが、私は、幼年時代が終わった直後の数年間を一種の孤独の中で閉じこもって暮らしていました。私は、一つの大きな図書館の蔵書でしか癒しえないほど激しい好奇心に身を委ねていました。私は、ありとあらゆる種類の概念や観念をごたまぜに頭の中へ積み重ねていました。普通は、これらの概念や観念はむしろ別の年齢で経験しているものなのですが。それまでの私の人生は、内的な確信に満ちあふれた形で経過してきました。私の魂には疑いが入る余地すらなかったのです。そこに疑いが闖入してきたのです。いやむしろ、前代未聞の荒々しさで疑いが飛び込んできたと言うべきでしょう。それは、あれやこれやの事柄についての疑いだけではありませんでした。それは普遍的な懐疑（le doute universel）でした。私は、地震に遭遇した人が語るような感覚（sensation）に突然襲われました。足元では大地が揺れ、周りの壁が揺れ、頭の上では天井が揺れ、手にした家具が揺れ、目の前の自然全体が揺れる、そういう感覚です。私はこれ以上ないほど暗い憂鬱にとらわれ、人生のことなど何も知ってはいないのに、人生に対する極端な嫌悪感にとらわれました。この世界（le monde）で今後まだ辿らなければならない道を見て、困惑と恐怖感に打ちのめされたようになりました。荒々しい情熱がこの絶望状態から私を引き出しました。それは、私の目をこの知性の廃墟から逸らせ、可感的な諸物（les objets sensibles）の方へと私を引っ張り込みました。しかし、青年期の初めに味わったこれらの印象は（その時私は十六歳でした）、その後時々私の心を捉えに来ることがあるのです。その時私は再び、転倒した知的世界を目の当たりにするのです。そして私の信念と行動を支えてきた真理のことごとくをひっくり返し、揺さぶるようなこの普遍的動揺（mouvement universel）の中で、相変わらず迷い狂い乱れるのです。これは悲しく恐ろしい病気です。私はこのことをあなた以外の誰かに、これ程の強さと、そして不幸なことですがこれほどの真実さを持って言い表したことが、これまであったかどうかわかりません。望むらくは、このことをこれまで誰も知ることなく、今後も誰も知らずに済むことを！（Tocqueville 1857：314-315：強調引用者）

この苦悩の手紙に表れている通り、トクヴィルは神的世界と世俗世界の「あいだ」を恐怖さえ持ちつつ強烈に意識している。しかしまさしくこの恐怖故にそれを直視はできず、したがってそれを正面から対象化した明瞭な分析をおこなうこともなく、闇と捉えたままこの懐疑を苦悩と共に生きざるをえなかった。しかしまさにそれ故にこそ彼は、可感的諸物の世界へと、すなわちあの「習俗」の世界へと目を逸らすことで民主主義論を始めとする第一級の先駆的な社会科学的業績を残し、次章で我々が見る「社会学」誕生のための礎石となったのだ。

4 人間の生と信仰

トクヴィル晩年の苦しみ

かくして、近代社会科学登場のためのいわば「地ならし」は終わった。新たな認識が、「人間」と「社会」とが準備された。これ以降、この準備された基盤の上で、個々人を、世俗で行為するものとして、その意味において同質的な、そしてその意味の上に抽象化可能な、したがってそのような段階を経て相互に比較可能な、「人間一般」として捉えることが可能となるであろう。そして、社会科学はこうして、その議論が成り立つ基盤としての、諸存在と諸現象の比較可能性を確保するであろう。

事実、トクヴィルの後、フランス社会学史ではデュルケームが、この基盤の上にトクヴィルの言う「一つの社会科学（une science sociale）」を、「社会学（sociologie）」として実際に確立しようと努力するであろうし、また彼に与えられた歴史的現実、すなわちフランス第三共和制の諸問題と格闘する中で、この基盤をさらに「社会学的に」深めてゆくであろう。[8] それは次章で詳しく見ることになる。

しかし、トクヴィルに関する記述を終える前に、やや脇に逸れるがそれでも彼の思想を深く理解するためにどうしても触れておきたい問題が一つある。それはすなわち、先に見た普遍的動揺、普遍的懐疑の問題であり、人間の生に関するトクヴィル最奥の認識の問題、あえて言えば「信条」の問題である。

前節で見たスヴェチン夫人宛の「告白」の手紙が『旧体制と大革命』刊行の翌年、そして死の二年前、一八五七年に書かれていることからも察せられる通り、この後トクヴィルは、文字通りその死に至るまで、このいわば創造的な懐疑に苦しみ続けた。それは信仰に対する苦悩として現れる。[9]ボーモンによれば、死の直前トクヴィルは、告解を勧める妻に対して次の通り心の奥底を吐露している。

告解については決して触れないでくれ――決して！　決して。私が自分自身に嘘をつくようにさせたり、信仰を欠いているのにうわべだけでも信仰しているような態度を取らせたりしないでくれ。私は私自身のままでいたい。嘘をつくような卑屈なまねはしたくない。……私が嫌だと言っているのは告解そのものに対してではない。むしろ告解は快いだろうと思う。……しかし、カトリシズムの告解の第一条件は、カトリック教会の教義すべてに対する信仰だ。認めないよう私が今実際に耐えているものは、認めたくもないし受け入れたくもないものは、この教義、私の理性（raison）が常に異議を唱えてきたこの教義なのだ。（Tocqueville 1859：13-14）[10]

信仰に関する問題であるとはいえ、この苦悩は、神や来世の存在を信じるか否かというような単なる認識の問題ではない。それは先の「告白」の手紙の中にはっきりと表明されていた通りである。この点についての彼の信仰は揺るぎない。彼が死ぬまで悩み、苦しみ続けたのは、むしろ教会の教義のような、現世に実際に作用している世界解釈と行為規範の合理性（raison）であり、現世での生の意味を巡ってであるように思われる。つまり、この世のあらゆる——しばしばあまりにも不合理であり、またその総体としての世界があまりにも理不尽で悲惨な——現象と存在の理由に対する問い、「一体なぜ、いかなる意味の下に、このような生／世界を生きているのか」との問いを巡る苦悩である。次に挙げる手紙はこのことを端的に示している。

一八五〇年六月十六日、ボーモンの娘がわずか四歳にして亡くなった。同年八月一日、共通の友人であるコルセル（Francisque de Corcelle）宛の手紙において、この死を心から嘆き、またボーモンとその妻の悲しみに深く共感しつつ、さらに三年前のコルセル自身の幼い息子の死にも暗に触れつつ、トクヴィルは言う。

一体なぜこのような苦しみが？　なぜこのように悪と善とが分かち難く結び付けられているのだろうか？　なぜ絶望ともっとも心に染みる喜びとが分かち難く結び付けられているのだろうか？……実のところ、来世に関するあらゆるものを取り巻いているこの闇の重みに、私はもうこれ以上耐えることができなくなってしまいました。この基盤、生がその上に築かれるべきこの確固たる地盤に対する欲求をもはや感じなくなってしまいました。もしあなたが信仰への、そう、神への秘訣を知っているのなら、私に教えてください！　だが、精神の自由な歩みへの意志はどうなるのだろう？　信じるためにはそれを望むだけで十分だと言うのであれば、私はずっと長いこと敬虔な信者であると言えましょう。いやむしろ、そうだったのでしょう。疑いは現世の悪の中でももっとも耐え難いものだと私はずっと思っていたのですから。私は、疑いを、死よりも悪いもの、少なくとも病よりも劣るものとずっと考えてきたのですから。……あなたが手紙ですばらしい神父であるクール（Cœur）師について伝えてくれたことを思い出し、パリを発つほんの数日前、人間の生の恐るべき諸問題について、長く真剣な会話を彼と持とうと思いました。私は彼に来てくれるよう頼みました。彼は来てくれましたが、私の精神をいっぱいにしていた問題について彼には何も言いませんでした。百回自問しても完全で絶対的な確信を作り出せなかったと彼にもし告白していたら、彼は何と言ったことでしょう。私は既に何度も、真理につながっていると信じたあらゆる道を巡りました。私は――そう信じていますが――正しい心を持って、そして確かに確実なもの（certitude）が見つかるという情熱的な欲求を持って、これらの道を巡りました。しかしこの道は、人間の意見がその中で激しく揺れ動く底無しの黒い大きな穴にしかつながっていませんでした。人は信仰の能力を持って生まれると私は確信しています。そして、この問題に関しては、魂が生まれながらに備えている胚種を年齢が成長させるしかないのです。しかしこの憂鬱な考えは脇に置きましょう。たとえもし、神がすべての人に真なるものを見分ける才能を与えてくださってはいないとしても、少なくとも神は我々各人に善いもの、本当のものを感じ取る能力を授けてくださっています。そしてこの能力は、この不可解な闇（ténèbres）の中で導きの糸として十分に役立つはずなのです。（Tocqueville 1850：28-29）[11]

まさに、この問い、この苦悩である。幼い子どもがなぜ死なねばならないのか？　人の間で悪事を働いたり、神に背いたりすることなどできもしない幼子が？　そこに一体どのような合理性があると言うのか？　そのような悲劇が一度ならず起こるこの世界にどのような意味があると言うのか？　それを納得するためには、神を、そして神が造り給うた世界を全面的に信頼せねばならない。それができれば、人には見分けられずとも、世界に起こるあらゆる事に意味があると信じられるだろう。そしてその地盤の上に有意義な生を築いてゆけるであろう。しかし、この渇望とさえ言える信仰への強い欲求にもかかわらず、信じられないのだ。信じたいけれども、信じられないのだ。理性は疑う。世界の合理性は、理性的に疑わしいとしか思えないのだ。理性を完全に超越したなにものか、いかなる意味でも理解不能ななにものかはあるだろう。さもなければ世界そのものがありえないのだから。しかし、そのなにものかが創造し保証するはずのこの世界においては、わけても我々が日々存在し生き続けるこの可感的な物の世界においては、理性的・分析的に合理性を見出そうとすればするほど、その全体に対する疑いばかりが浮かんでくるのだ。一体、なぜ、何のために我々は生きているのか？　幼子が罪無くして死に、私が生き続けていることに一体どんな説明がつくと言うのか？

「信じたいけれども信じられない」

これまで我々が見てきた通り、トクヴィルはこの理不尽さをも含めた「世界」をそのまま丸ごと神の摂理として受け入れることは遂にできなかった。むしろそれを理解しようと努めた。彼は歴史に深く根差した自らの生い立ちを背景としつつ、自らがその中で生を営む時代の流れを捉え直した。この努力は、「世界」の可感的な部分をそれとして抽出し分析することでその raison（合理性・理由）を探る営為として、後世先駆的な社会科学と評価される第一級の分析として現実化した。それは押しも押されもせぬ「古典」と称されるほどの見事さだった。それは続く時代における社会学の誕生を準備さえした。

しかし同時に、この可感的世界へのまなざしによって、この通り、生の意味の安定性は失われた。超越的な神が体現する不変の真理、「生がその上に築かれるべきこの確固たる地盤」は、見失われた。それは「信じたいけれども、信じられない」もの、信用できないあやふやなものになってしまった。

トクヴィルにとってこのまなざしは、幼年時代家族環境を通して経験されたカトリシズムの慈愛に満たされた世界を再び見出そうという努力であったかもしれない。それは、神による安定した世界全体への普遍的懐疑により否応なく視界に入ってきた不条理な闇から目を背けたという否定的態度であると同時に、世俗な世界たる社会をいわば実証的に解明することが真理につながる道であってほしい、そうであるはずだとの切迫した必死の希望的な態度であったのだろう。先のコルセル宛の手紙からはこの切望がはっきりと読み取れる。

だが、この努力は報われなかった。少なくともトクヴィルは、可感的な物の世界から真理へは、俗なる社会から聖なる世界へは、到達できなかった。一生を掛けて誠実に懸命に努力した結果は、完全な失敗でもなければ完全な成功でもなかった。「社会」と「人間」、そして「社会科学」というすばらしい認識視角を手に入れ俗世をそれとして見事に分析し理解できはしたものの、確実なもの、真理へは到達できず、その間、すなわち神の世界と現世の間には「理解し難い闇」が残ってしまった。真理の世界へ向かってこの闇を照らそうとすればするほど、闇の一部が次第に合理的に理解されればされるほどかえってその不合理性が明らかとなり、心は揺れ動き、迷い、疑い、結局底無しの穴に落ちてしまう。こうして、トクヴィルは幼年期以降の一生の間、深い疑いの中で苦悩し続けたのである。

事実彼は、死の前年、神の認識が可能であると主張する旧友の形而上学者ブシテ（Louis Firmin Hervé Bouchitté）に対して、次のような返事を書いているのだ。ここにも、自らも専心してきた科学的探究に対する信頼とその限界に対する認識が、「信じたいけれども信じられない」心情が、そして世界の存在理由・合理性に対する渇望と疑念と、そしていくばくかの諦めを含んだ疲れが、はっきりと読み取れるだろう。

［あなたの］あのお手紙はまさしく何度も読み返す価値のあるものであり、またそこで扱われている主題は、人間がその注意を向けるに値するもっとも重要なもの、いえ、ほとんど唯一のものであるとさえ言いうるものです。この問題に比べれば、他のすべてはつまらぬ小事に過ぎません。もし私がそこからもっと多くの実りを引き出すことができていたとすれば、あなたがこれまで全生涯を費やしてこられた哲学的研究を情熱的に愛好したことでしょう。しかし、私の知性（esprit）が足りなかったせいか、企図を追究する勇気を欠いていたせいか、それとも題材の特殊な性質のせいか、私はいつもある地点で立ち止まってしまいました。その地点とは、科学が私に与えてくれたあらゆる概念がそれ以上先には導いてはくれなかった地点であり、とても単純なごく少数の観念によって最初から達していた地点としばしば変わらない地点であり、実際のところすべての人が多かれ少なかれ把握している地点です。これらの［少数の単純な］観念は、第一原因（une cause première）に対する信仰へと人をたやすく導くものです。この第一原因は、まったく自明であると同時にまったく不可解なものなのです。例えばそれは、物理的世界に見られるがままの不変の法則［の存在］であると同時に道徳的世界では推定せざるをえない不変の法則［の

存在」であり、神の摂理（la providence de Dieu）［の存在］であると同時にその結果としての正義［の存在］であり、善悪を見分けうる人間の行為の責任［の存在］であると同時にその結果としての来世［の存在］です。告白しますが、啓示を除いて、もっとも洗練された形而上学でさえ、これらすべての点について、もっとも粗野な常識以上に明確な概念を私にもたらしてくれたことは決してありませんでした。このことで私は形而上学に対して少々不審を抱くようになりました。私には触れることのできない根底と私が呼んだもの、それは世界のいわれ（le pourquoi du monde）です。それは我々にはまったくわからないあの創造の計画です。我々は我々の身体についてさえ、まして我々の精神についてはなおさら、まったくわからないのです。またそれは、我々が人間と呼ぶこの特異な存在の、自らの状況の悲惨さを自らに示すのにちょうど足るだけの、しかしその状況を変えるには足りない知性を与えられたこの存在の運命の理由です。これこそ、私の精神の野心が触れようと望み、しかし真理を知るために私が持つ手段では常に無限にそこから離れている、根底（le fond）、いやむしろ諸々の根底（les fonds）なのです。（Tocqueville 1858：475-477：強調引用者。ただし「私には触れることのできない根底」のみ強調原著者）

5　次世代への地ならし——第二帝制

ナポレオン三世が用意したもの

さて、以上見てきた通りもっぱら第二共和制下に活躍したトクヴィルと、次章で我々が見る、第三共和制下に活躍したデュルケームの間には、第二帝制が位置している。この時代が彼らの思想に大きく影響した跡は見受けられないが、しかし歴史の流れと共に、概念そして認識枠組の連続的展開を追跡する本書においては、だからといってこの時代を無視するわけにはゆかない。そこで、あくまで我々の関心に関係する範囲で、この時代を描写してみよう。

六月事件が象徴している通り、実際のところその成立以来常に不安定であった第二共和制は、既に一八四八年十二月十日の大統領選挙において、地方小農民層に熱狂的に支持されたルイ・ナポレオンの大勝（実に得票率74・2％）という危機を迎える。彼はその名が示すごとく皇帝ナポレオン（一世）の親族（甥）であると同時に、共和主義者ではなく——いうまでもなく——帝国主義者であった。彼は、三年後の一八五一年十二月二日、任期切れを目前にしてクーデタによって議会を解散する。その一年後の一八五二年十二月二日には、国民投票によって皇帝ナポレオン三世として即位、ここに第二帝制が成立する。[12]

第二帝制は、なんといっても帝制らしい、メキシコから果てはカンボジア・インドシナにまで至る派手な海外への侵略が目立つが、我々の関心からは、次の二つの点が目を引く。

まず、第二帝制が国政の基礎に普通選挙制（男子普通選挙制）を敷いた初めての国家であることは重要である。当初こそ専制的な政治体制であったが、その誕生過程が示す通りまさに人民が支持基盤であったが故に（派手な対外政策も人民の人気取りの面が強い）、次第にかえって自由主義的な改革を進めざるをえなくなり、「人間たる人民」を「社会」に、そして広い意味での政治に参加させる結果となり、祖国フランス社会はそこに住む人々全員がその成員であるという意識を準備し、したがってある意味では自らの意に反して、続く第三共和制における「国民（nation）」の創出を準備することとなったのである。

次に、第二帝制は、社会を国家の下に統合するための社会的なインフラストラクチャを整備したことも極めて重要であると言えよう。第二帝制期は基本的に長期にわたる好況期であり、ナポレオン三世は銀行の設立を進め、人民の預金をまとめあげた。このまとまった資金は、とりわけ鉄道事業に投資され、帝制誕生時には三千六百キロメートルに過ぎなかったフランスの鉄道網が帝制末期には二万三千キロメートルに達するという結果をもたらした。海上交通も発展し、さらに重要なことにはフランス全土をほぼ網羅する電信および郵便制度が完成した。こうした交通・通信網のフランス全土への展開はすべてパリから放射状に、したがって各地方間の直接連絡路なしで整備され、財も情報もすべてがパリに集中する傾向をもたらしたと共に、パリが地方を斉一的に「支配」する手段をもたらした。

またオスマン知事による有名なパリの大改造、いわゆるオスマン化がおこなわれたのも第二帝制下である。それは一八五五年および一八六七年の二度にわたりパリで開催された万国博覧会を強力な動因として一段と進められ、これにより今日我々が見る近代都市パリの基本構造が作られた。この過程で多くの道路の拡張・延長がおこなわれたが、それは、直近の六月事件の悪夢の再来を阻止するため、つまり一七八九年の革命以降絶え間なく続く民衆の反乱の際、執拗な抵抗の場となってきたバリケードの構築を阻止し、さらに政府軍が迅速に展開・行動できることを意図したものでもあった(例えば、当時パリに多く見られた袋小路が今日ほとんど存在しないのはこのためである。つまり袋小路の入り口にバリケードを築かれると、裏から攻め込めないため、あたかも要塞のように立て籠られ頑強に抵抗されるため、都市改造の道路工事によってできる限り貫通させたのだ)。さらにこのような都市改造は地方都市にも波及し、都市構造を近代化すると共に、一種の公共事業として第二帝制の経済的繁栄を支えたのである。

帝制の終焉

こうして、選挙制度という社会制度の改革が意識を準備したとするならば、インフラストラクチャの整備はその意識を実現し支える物質的基盤を提供した。こうして来るべき第三共和制の基盤が、我々になじみ深い諸々の社会制度（義務教育など）を伴った、通常国民国家と呼ばれる統合された近代社会成立の基本的条件が、第二帝制繁栄のまさしく直中において準備されたのである。

しかしこの帝制の最後はあっけないものであった。メキシコ干渉（一八六一―一八六七）での敗北に加え、自由主義的譲歩政策の拡大に伴う帝制としての基盤の弱体化から、その権威を失墜させつつあったナポレオン三世は、失地回復のため対ドイツ政策に注力したものの、かえってドイツ統一を掲げた鉄血宰相ビスマルクの策謀によって、「帝制の自殺」と呼ばれる絶望的な戦争に突入することになる。一八七〇年七月十三日、スペイン王位継承問題において対立したプロイセン王ヴィルヘルム一世に対し、ナポレオン三世は駐普大使を通じてその主張を伝えた。当時エムスの離宮に滞在していたヴィルヘルム一世はこの会談の内容をベルリンのビスマルクに電報で送ったが、これを受け取ったビスマルクは内容を改変し、ナポレオン三世がヴィルヘルム一世を脅したかのように偽り発表した（エムス電報事件）。この発表に両国の世論は互いへの非難で沸騰し――ビスマルクの計略通り――フランスは対プロイセン戦の開戦を決定（七月十四日）し宣戦を布告（七月十九日）、ここに普仏戦争が開始された。しかし、何年も前から周到に戦争準備を進めてきたプロイセンに対し、フランスは為す術なく敗北を続け、遂に九月二日にスダンで皇帝自身が捕虜となるに至り降伏した。そしてその知らせが九月四日パリに届くやパリで革命が勃発、臨時国防政府（事実上の共和制）が成立し、第二帝制はあえなく崩壊したのである。臨時国防政府は当初こそ戦争を継続したものの、翌一八七一年一月二十八日パリを開城し降伏した。この結果、ドイツ軍のフランス駐留はもちろんのこと、アルザス・ロレーヌ地方の割譲と国家の税収総額の二年分にも及ぶ五十億フランという莫大な賠償金支払いという屈辱がフランスにもたらされた。付け加えれば、降伏にわずかに先立つ一八七一年一月十八日、ヴェルサイユ宮殿鏡の間でドイツ皇帝の戴冠式がおこなわれドイツ帝国（第二帝国）の成立が宣言されるという屈辱もフランスは味わっている。

さて、いずれにせよこうして第二帝制は終焉を迎えた。それは、続く第三共和制の基盤整備をしたと共に、近代フランス政治史の主要三政体である王制（君主制）・共和制・帝制の内、帝制というものの決定的な後退を、自らの没落によってもたらすという結果に終わったと言えよう。事実、このの ち今日に至るまでフランスに帝制が確立したことはなく、政治勢力としても物の数ではなくなる。したがって、以下デュルケームと共に我々が見る第三共和制において壮絶な争いを繰り広げるのは、残る二つの政治勢力、すなわち王制派（王党派）と共和制派（共和派）である。

第2章 デュルケーム：格闘

1 実証科学としての社会学の創造——物としての社会的事実

社会的事実を物のように考察する

トクヴィルの死（一八五九）とほとんど同時に、まるで入れ替わるように、ユダヤのラビの息子としてこの世に生を享けたエミール・デュルケーム（一八五八—一九一七）。彼は、一世代前に準備された新しい認識、可感的諸物の世界へと限定されたまなざしとその産物である「人間」と「社会」をもはや自明の前提として、それらを固有の研究対象とする新しい科学、すなわち「社会学（sociologie）」を創始する。人間が社会と呼ばれる俗世において自立的に同類であること、すなわち人間が社会的存在であることとは、彼の社会学的議論の大前提である。

デュルケームは自らの社会学を定式化した『社会学的方法の規準』（1895：以下『規準』と略記）の中でまず、先駆者コントおよびスペンサーのいわゆる実証主義的社会学を「実証主義的形而上学」(Durkheim 1895：IX＝20）と痛烈に批判し、自らの社会学との混同を厳しく諫める。さらに、あらゆる神秘主義を「一切の科学の否定者」（*ibid.*：33＝99）であると断じ、「社会学者は科学者であって神秘家ではない」（*ibid.*：139＝261）として、「社会的なものの本質についての教義的な意味［付け］」

（*ibid.*）を、例えば「社会的なものが他の宇宙的諸力に還元されうるといったこと」（*ibid.*）を、明確に拒否している。加えて、こうした言明にもかかわらず寄せられた批判に対して反論した、第二版への序文（1901）の中では、さらにはっきり「筆者の立てた規準は、いかなる形而上学的な見方も、存在の本質についての思弁も含んではいない」（*ibid.*：XIV ＝ 27）と述べている。

つまり、あらゆる形而上学・神秘主義の拒否、諸物と諸現象の超越的な理解・解釈の全面的な排除を大前提として、デュルケームは科学としての社会学構築を開始したのだ。すなわち、ありとあらゆる現象の場・万物の在り処としての「世界」の超越的な部分をすべて社会学的探求の対象から排し、残った世俗的な部分のみを、すなわち「社会」のみを固有の対象領域とし、その中で個人に対する外在性と拘束性を持つ社会的事実（faits sociaux）を措定、その「客観的な実在性」を主張（*ibid.*：3-4 ＝ 51-52）したのだ。かくして、あのあまりにも有名な規準を打ち立てるのである。

> 第一の、そして最も基本的な規準は、**社会的事実を物**（*choses*）**のように考察すること**である。
> （*ibid.*：15 ＝ 71：強調原著者）

彼は言う。

社会的事実とは……個人に外的な拘束を及ぼすことができ……その個人的な表明からは独立しているあらゆる行為様式のことである。（*ibid.*：14 = 69：強調原著者）

それは、一つの具体的形態（un corps）を、すなわち固有の可感的な形態（forme sensible）を取り、これを表示する個人的事実からは非常に明確に区別される一種独特の（*sui generis*）実在を構成する。（*ibid.*：9 = 59：強調引用者。ただし「一種独特の」の強調のみ原著者）

社会現象は物であり、物のように取り扱われねばならない。……実際、物とは、観察に与えられるものすべて、観察に供される、というよりはむしろ観察に強制されるものすべてである。……諸現象を物のように取り扱うこと、それは、科学の出発点を成す資料（*data*）としてそれらを取り扱うことに他ならない。（*ibid.*：27 = 90-91：強調引用者。ただし「資料」の強調のみ原著者）

したがって、

社会諸現象は、それらを表象する意識主体から切り離して、それ自体として考察されなければならない。すなわち、外在する物として、外部から研究されねばならない。（*ibid.*：28 = 91：強調

引用者）

さらに、

> 物の外的な特徴が我々に与えられるのは感覚（sensation）を通してであるから……科学は、客観的であるためには（pour être objective）……感覚から作られた概念から出発しなければならない。科学は、その出発点における定義を構成する諸要素を、可感的な与件（données sensibles）から直接に借りなければならないのである。（*ibid.*：43 = 114：強調引用者）

つまり、社会的事実は、単に方法論上の仮定として個人に外在して個人を拘束し独自の実在性を持つのではなく、もっと本質的な意味で、いわば自然物と同様の「物」として、それを表象する意識主体とは独立に、外的に観察可能であり、「感覚に与えられる・可感的な」という意味で、まさに世俗の中に「実在」する「事実」なのである。それは「物質的な物と同じ資格（titre）における物」（*ibid.*：XII = 23-24）なのだ。

だからこそデュルケームは言うのだ。

このような手順を実行するならば、社会学者は、その第一歩から無媒介に実在の内に立脚することになる。実際、このような事実の分類の仕方は、社会学者自身から、すなわち彼の精神の個別的な傾向から独立しており、物の本性（la nature des choses）に基づいている。事実をこれこれのカテゴリーに整理せしめる特徴は、万人に示され、万人によって認知されうる。（*ibid.*：36＝103-104：強調引用者）

デュルケームにとって社会的事実は、正しく認識しさえすれば万人に肯定される、まさしく他ではありえぬ「事実」なのだ。

またしたがって、社会的事実は個人の内的意識には還元されえず、社会学と心理学は厳しく峻別されねばならない。

社会的事実は、単にその質においてのみ心理的事実（faits psychiques）と異なっているのではない。両者は、［社会それ自体と個々人の意識という］それぞれ異なった基体（*substrat*）を持っているのであり、同じ環境の中で展開されるのでもなければ、同じ諸条件によって規定されるわけでもない。……集団の心性（mentalité）は、個々人の心性とは異なったものであり、それ固有の諸法則を持っている。したがって二つの科学［社会学と心理学］は、きっぱりと区別されずに存

> 在することなど不可能なのだ。（*ibid.*：XVII＝32：強調原著者）

デュルケームにとってこの峻別は、社会学という新たな学問が心理学に還元されることなく確立されうるための必要条件でもあった。

かくして以後、超越性を排した世俗世界＝社会における、いわば「目に見える真理」である社会的事実に立脚して、世俗世界の解釈枠組としての「客観的な科学」たる社会学が展開される。個々人はみな社会の中でこそ、そしてそこでのみ同じ人間であり、したがって個々人の自殺という現世の個別的行為は「物」として同類・同質的であると把握されうるものとなり、そのような把握を前提として個別事例としての自殺を積算し、「量」として数学的に統計処理することができるようになり、かくして『規準』に続く著作『自殺論』（1897）が著されるに至るのだ[1]。

2 歴史的背景——第三共和制初期

このようなデュルケーム社会学の基本的なあり方は、トクヴィルの場合と同じく歴史に深く根差している。

パリ・コミューン

デュルケームが活躍した第三共和制初期（一八七〇、八〇年代）とは、第二共和制に続いた第二帝制が普仏戦争敗戦に伴い惨めに瓦解した後、残された二大勢力である王制派と共和制派が壮絶な抗争を展開した時代であった。それは単なる国家の覇権、そして政治体制に関する闘争であったのではなく、さらに、その背後にある思想としての教権主義（カトリシズム）と共和主義との原理的な対立でもあった。この対立は、第二次大戦まで続く第三共和制全体を通して何度も政体自身を崩壊させかねない重大な危機の原因となるが、ここで問題とする共和制確立期には特に、七〇年代の「根深い伝統に支えられた教権主義対未だ揺籃期にあり弱体な共和主義」から八〇年代の「後者による前者の弾圧とさえ言える巻き返し」に至る激しい闘争を繰り広げていた。

プロイセンへの降伏後、一八七一年二月八日の普通選挙の結果、フランス南部の都市ボルドーに王党派（したがって当然に教権主義者）が圧倒的多数を占める国民議会が成立する。この議会はティエール（共和派。ただしかつては王党派）をフランス共和国行政長官に任命し、組閣させる。ティエールは、二月二十六日に仮平和条約をプロイセンとの間で締結した後（この条約こそ先に見た過酷で屈辱的な内容を含む条約である）、王制か共和制かの選択を平和回復後に先送りする「ボルドー協定」を議会に承認させた。その後「フランスの内乱」パリ・コミューン創出の動きに対応して、国民議会を、したがって政府をパリ近郊の、そしていうまでもなくかつての王家ブルボン家の拠点ヴェルサイユに移転、この反乱をまさに徹底的に弾圧する。五月二十一日政府軍は大軍を編成しパリに侵攻、「血の一週間」と呼ばれる壮絶な市街戦が繰り広げられた。この戦闘で子どもを含め推定二万五千人が虐殺され、またしてもセーヌ川は血に染まった。そして一週間後の五月二十八日、パリ・コミューンは遂に崩壊。その後の軍事裁判では、一万人以上が有罪判決を受け、その半数がニューカレドニアへの流刑に処せられた。

パリ・コミューン鎮圧後、ティエール政府が最初に直面した問題は、ボルドー協定で先送りされた国制の問題、すなわち祖国フランスは今後王国として復活するのか、それとも共和国として復活するのか、その選択の問題であった。先にも述べた通り、国民議会は圧倒的に王党派が多数であったため、王制復古の可能性は十分確実に存在していた。しかしながら、記憶に生々しいパリ・コミューンを始め近代フランスが経験してきた血生臭い変動、特に一連の革命を鑑みれば、内乱を回避し安定した国家たりうるためには、この時点においては共和制しかありえないことを多くが理解していた。そこに、共和派は、秩序を強調すると共に、共和制は既成の政治制度であることを強調、懐古主義の王党派と異なる「真の保守主義者」として登場し、国民各層の広範な支持を得る。そして遂に一八七一年八月、国民議会は大統領制を議決し、ティエールを共和国大統領に指名するのである。

共和主義と教権主義の闘い

しかし、このいわば「しかたなく選ばれた政体」は、妥協の産物であるが故に明らかに弱体であり、その後幾度も王党派からの強力な攻撃に晒され、たゆたう。一八七三年五月には、王党派多数の議会がティエールに対し不信任を突きつけ、ティエールは早くも失脚、次いで王党派マクマオンが大統領に指名され、カトリック教会の強いバックアップを得つつ「道徳的秩序再建」を旗印に新たな王制復古が企てられる。しかし、ブルボン家を推す正統王朝派と、分家であるオルレアン家を推すオルレアン派の積年の対立に、妥協は試みられたものの調整がつかず、この企図は王党派の内部的不一致という形で流産してしまう。そして結局、一八七四年以降の農村における経済危機を背景としたボナパルティズム（ナポレオン的政治体制）の急速な人気回復に一様に恐れおののいた帝制派以外の政治勢力による、またしても妥協によって、国民議会はいわゆる七五年憲法を制定し、形式的にも第三共和制を完成させるのである。

さてしかし、生まれたばかりの第三共和制は、この通りよちよち歩きの危うい歩みを一八七〇年代の間ずっと続けつつも、既成事実として共和制的基盤を徐々に確立してゆき、一八八〇年代には攻勢に転ずるほどになる。

一八七五年頃に始まり一八八二年頃まで続く、小規模ではあるが安定した好況という経済状況を背景に、第三共和制は、次第に急進共和主義を放棄し、穏健共和主義の傾向を強めてゆく。しばしば「オポルテュニスム（日和見主義）」と揶揄されるこの体制は、しかし、ガンベッタら急進共和派を切り捨てる一方で他の共和派諸派の協調をもたらし、結果として共和派全体の勢力を安定させ強化した。そしてこの強化された勢力を背景に、政府は一八八〇年にはパリ・コミューン特赦をおこなうと共に、王制、とりわけその精神的基盤を成す教権主義に対する弾圧を開始する。

ジュール・フェリー内閣によって主導され、「フェリー時代」とも呼ばれるこの時期の内政は、事実、反教権主義に貫かれている。フェリー法と呼ばれる一八八一年から一八八二年にかけて制定された一連の法律により、初等教育は完全に無償とされると共に義務化され、さらには宗教教育の完全な排除が規定され、ここに——今日の我々にまで至る——公教育の「無償・義務・世俗性」の原則が確立された。また一八八四年には憲法および上院選挙法を改正し、終身議員の廃止や有利な選挙区割りの改正など、王党派の排除政策が実施された。一八八六年には教育者の世俗化が決定される。こうした「フェリー反教権主義の中心的意図は、人口の多数を占め、第三共和制の強固な基盤をなす小土地所有農のオポルテュニスム体制秩序内への把握……である。すなわち、執拗に生きのびてきた伝統的名望家層の最後の精神的支柱であるカトリック教会の影響力から農民を引き離し……王党的保守主義の基底を掘り崩すこと、ここにフェリーの企図があった。……政教分離問題は当時の左・右両勢力を分ける『分界線』となった」（中木 1975：上 256：強調原著者）のである。

このような共和主義と教権主義との闘争は、中でも教育の問題においてくっきりと現れる。科学的理性的な教育を重視し、またプロテスタンティズム的信仰のために信者各人が聖書を自力で読む必要から識字教育にも力を注いだプロイセンに対し、人文主義的修辞学的訓練を重視し、「救いを秘蹟や超自然的信仰にお」き（渡辺ほか 1997：18）人々を文盲のままに留め「無知の傍らに超越的神秘を開花させた」（*ibid.*）カトリシズムを、敗戦の知的道徳的遠因と考える共和制は、そのような欠陥を一掃する学校教育、すなわち世俗な公教育を打ち立てようと努力した。

第三共和制においては、学校はまず「フランス国民統合の手段であると見なされた。それは身分や階級や生活様式の相違をこえて共通の魂を全フランス人に付与することによって、教会がもはや（世俗化が進む社会で）実現することのできない国民的統一を作り出す使命を委ねられた」（*ibid.*：19）。さらにそれは「共和制の礎石と捉えられた。というのも、たとえ自由や平等の原理が高らかに謳われようと、文盲が存続するかぎり自由や平等は名ばかりにすぎず、また農民大衆が世俗教育を受けないかぎり、教会の知的ならびに政治的影響力の束縛から解放されないと考えられたからである」（*ibid.*：

20）。そして、「教会がキリスト教の教義を教えこみ、良き臣従を作るのを目的としたのに対して、世俗的学校は読み書き計算と市民的道徳を教え、自由な精神と良き市民を育成することを目指した」（*ibid.*：21）のである。

その結果、「学校は今や中世の教会と同じように、村落の中心、世俗的共和主義という新しい信仰の新しい寺院」（*ibid.*）となり、「学校教師はいわば共和主義的信仰の布教者として立ち現れた」（*ibid.*）。

つまり、この対立は、国民の政治的統合を巡っての闘争であると同時に、その統合を基礎付ける教義・信仰上の闘争であり、民衆に対する知的な覇権を巡っての闘争でもあったのである。ただし、この闘争の特殊な点は、それが、伝統的な宗教間の超自然的・超越的信仰・教義間の争いではなく、カトリシズムの教権主義として歴史の中に現れた超自然的・超越的世界観と、同じく共和主義として現れた世俗な世界観の間の闘争だったという点である。

近代を生きる人間としての歴史的課題

このような歴史の中で、デュルケームはその社会学を構築する。一八八二年以降リセで教鞭を執っていた彼は、一八八七年、ボルドー大学文学部において社会科学講座および教育学講座の講師に任命される。この任命の際、重要な役割を果たしたのが、当時高等教育局長の職にあったルイ・リアールである。「新しい社会科学としての社会学と道徳学の樹立、反教権思想および教育改革等で共通した考えを有していた」（夏刈 1996：65）デュルケームに対し「それらの思想に基づいて社会秩序を再構成してゆく上で……大きな期待を寄せ」（*ibid.*）ていたリアールは、第三共和制の指導者の一人として、ジュール・フェリー始め他の指導者を説得し、根強い人文主義的伝統を持ち社会に関する新しい講座の導入には極めて冷淡であった当時の文学部に対し強力に働きかけ、デュルケーム活躍の場を用意したのである。実際、社会科学講座は、デュルケームのためにわざわざ新設されたものである。

以上のような時代状況と個人的経緯の中で、社会に関する一科学を打ち立てるということは、したがって、カトリシズムの教義・世界観・世界解釈に取って代わりうる共和制の世界観・世界解釈＝世俗な世界解釈枠組を打ち立てることを意味したのである。もちろんそれは、直接的には、フランス共和国をそれによって統合しうる、国民に共通な世俗な信仰・世界観を提供する作業ではある。しかし、だからといってデュルケーム社会学が単なる第三共和制のイデオロギーに過ぎないというわけではない。この争いはもっと普遍的なものである。それは、超越的な信仰同士の争いでもなければ、世俗的なイデオロギー同士の争いでもない。それは、超越と世俗との争い、換言すれば超越性なしでいかにすれば世俗世界たる「社会」を「それ自体として」安定的に捉えられるかという、トクヴィルが苦悩した近代社会の根本問題であり、近代という時代を生きる人間が背負わされた歴史的課題を巡る闘争なのだ。

そしてこの歴史的課題に対しデュルケームは、先に見た通りに答えたのだ。すなわち、歴史的現実として――既にトクヴィルの時代から、いや、実際にはそのはるか以前から――カトリシズムによって代表され、社会学史的先行研究としてコントとスペンサーの「形而上学的社会学」によって代表されていた超越的なものが持つ「真理性」を、社会的事実の可感的な「事実性」として、人間たちの生きる世俗世界＝社会の中に見出し、もって超越性を失った世界＝社会の内的な完結性・自己充足性を根拠付けたのである。かくて「社会それ自体」は根拠付けられ、その輪郭、その外延は明確なものとなる。そして、まさしく「それ自体」として対象化／客体化し（objectiver）操作可能な「物」となる。

だからこそデュルケームは言明するのだ。

> もし事実が全面的に知的に理解可能であれば、それは科学を……満足させる。なぜなら、その時には当の事実の外部にその存在理由を探求する理由はなくなるからである。（Durkheim 1895：IX＝20）

つまり、社会はそれ自体で世界であり、社会の外部など存在しないのだ。[2]

3 ドレフュス事件――人間的人格一般

“捨てられた”メモから始まった激震

この新しい世界観＝社会観は、二月革命に比すべき巨大な歴史的現実から大きな衝撃を受け、一定の完成を見る。一軍人のスパイ疑惑に始まって、社会統合の原理を巡る対立となり、神聖不可侵な権威である軍・国家そしてそれらの支柱たるカトリシズムによる超越的な統合と普遍的人権による共和主義的統合との根源的な対立として、フランス第三共和制そのものを根底から揺るがした一大冤罪事件、あの有名な「ドレフュス事件」である。

まず、歴史的事実としてのドレフュス事件の概要を把握しておこう。

時は一八九四年。二十年以上前の、しかし我々も先に見た通りのまことに屈辱的な結果を招いた普仏戦争敗戦をいまだに引きずりつつ、フランスは国内のドイツ人を潜在的なスパイとして警戒し、その動向を監視していた。そんな中、ドイツ大使館のくずかごの中から、破り捨てられたメモの断片が見つかる。そのメモを、統合参謀本部情報部少佐ユベール＝ジョゼフ・アンリがつなぎ合わせ解読したところ、そこには、フランス陸軍の最新兵器である百二十ミリ砲に関する機密情報が、ジャック・

デュボアなる署名——もちろん偽名である——と共に書かれていた。そしてさらに、別の報告書では彼はドイツ人から「あのDのやつ」と呼ばれていた。この兵器の情報を入手可能なのは砲兵部隊だけであり、こうして、アンリ少佐により、砲兵部隊でその名がDで始まる唯一の人物、アルフレッド・ドレフュス（Alfred Dreyfus）大尉にスパイの嫌疑が掛けられた。

調査の結果得られたドレフュスの人物像は、スパイとは程遠いものだった。アルザス地方から避難してきた裕福な家庭で育った彼は、陸軍大学を優秀な成績で卒業した前途有望な軍人であり、借金もなく、幸せな家庭生活を営んでいた。ただし、彼はユダヤ人だった。

フランスは、ユダヤ人に市民権を与えたヨーロッパで最初の国である。しかし、それ故に、ユダヤ人の社会進出は他のヨーロッパ諸国よりも進んでおり、そのことがまた、十九世紀末フランスに反ユダヤ主義（反セム主義）を全社会的水準で渦巻かせるという結果をもたらしていた。とりわけ、ユダヤ系のロスチャイルド一族を筆頭とする上層金融資本と政界との癒着を告発・糾弾する反ユダヤ主義的愛国主義は、民衆の中に静かに、しかし着実に根を下ろしていた。

一八九四年十月十五日、陸軍省に出頭したドレフュスは、そこで書かされた手紙の筆跡が、件のメモと同一であるという理由で、その場で国家反逆罪の疑いにより逮捕される。アンリ少佐の計略通りに。当初この逮捕は軍の機密として扱われたが、まもなく情報がマスコミに漏れ、特に反ユダヤ系の新聞が大きく取り上げるに至って、フランス全土に国民的一大スキャンダルとして広まってゆくことになる。というのも、ドイツのスパイが逮捕されたというだけでも衝撃的であるのに、さらにそれがユダヤ人であり、しかも神聖とされるフランス軍内部で見つかったという事実が、この事件を、他の事件以上に社会の幅広い層の関心を引くものにしていたからである。

軍法会議が開かれた。しかし、フランス軍は、その権威を守るため、文字通り是が非でもドレフュスを有罪にする必要があった。そこで軍部は有罪の証拠を捏造し、ドレフュスを陥れ、有罪判決を得た。この判決を民衆は熱狂的に支持し、判決から二週間後、陸軍士官学校校庭で公式に軍籍を剝奪された際も、敷地の外から盛んに「裏切り者を殺せ」「ユダヤ人に死を」との叫びが上がったという。かくしてドレフュスは、南米仏領ギアナにある灼熱の監獄、悪魔島に連行、そして幽閉された。

二つに分かれた世論

ドレフュスが収監されている間、彼の家族、特に兄マチューは弟の無実を証明するために証拠と協力者を捜し回ったものの、事態は絶望的であった。

ところが一八九六年三月、またしてもドイツ大使館の廃棄書類の中から、大使館員がフランス陸軍少佐フェルディナン・ヴァルサン・エステラジーに宛てて書いた、実際には送られなかった電報が見つかった。そこには「先日の件につき、更なる情報を求む」とあった。疑惑を抱いた参謀本部情報部長ジョルジュ・ピカール中佐は調査を指示し、その結果、エステラジーはその放蕩三昧の生活を維持するために軍の給与以外の多額の金を常に必要としていることが判明した。さらに尾行により、ドイツ大使館への出入りが確認された。そして、驚くべきことに、彼の筆跡は、ドレフュスを有罪にしたメモの筆跡にうりふたつであった。

こうした証拠により、ドレフュス事件は無実の人間を軍部が陥れたものであると確信したピカール中佐は、ドレフュスの釈放に向けて行動を起こした。一八九六年九月、彼はエステラジーのスパイ疑惑とドレフュスの無実を、軍上層部に報告した。アルザス出身のカトリック教徒であり反ユダヤ主義者であるピカールは、しかし情報部長としての職務をまっとうし、ドレフュス事件における件のメモは、エステラジーによって書かれたに違いないことを指摘した。しかし、それを指摘した相手の軍幹部たちこそ、自らの名声や権力、そして威信のために、そのメモをドレフュスのものとした当の本人たちだったのである。真実を見出したピカールは、賞賛されるどころか、この事実を口外しないよう固く口止めされた挙句、チュニジアに左遷された（後に投獄される）。忠実な軍人としてこの事実を暴露することこそなかったものの彼は、軍部の陰謀を知った自らの身を案じ、事件の詳細を記した手紙を弁護士に託すと共に、自らの身に何かあった時には、その手紙を大統領に渡すよう頼んだ。

同年末、ドレフュスが悪魔島を脱走したというニュースが流れた。これは、事件の風化を懸念する兄マチューの流したデマであったが、これを機にマスコミはドレフュス事件に関する情報を続々と発表し、世論はまさに真っ二つに分裂した。ドレフュスの無実を信じるドレフュス派（dreyfusard）と、有罪とする反ドレフュス派（anti-dreyfusard）である。

　興味深いことに、それは一般市民にとっても、もはや一個人の冤罪事件ではなかった。そうであったなら、第三共和制という国家の体制自体を揺るがすような大事件にはならなかったであろう。市民にとってそれは、それぞれの異なった立場から、しかし、一七八九年以来政治的変動の絶えないフランスにあって、国家とは何か、祖国とは何か、軍隊とは何か、フランスとは何かという共通の大問題をいわば強制的に考えさせる大事件であった。

　翌一八九七年、マチューは事件に関して彼の持つ情報とそこから得られた結論を発表する。それは、件のメモの筆跡は別の将校のものであること、そしてその事実を軍部は最初から知っていたというものであった。マチューはエステラジー少佐を国家反逆罪で告発した。ユダヤ人によって為されたこの告発は、それ故に一層、世論に大きな衝撃を与えた。

　しかし、軍部は、エステラジーをかばった。というのも、エステラジーがスパイだということになると、彼ら自身も荷担した陰謀によって封印され風化しかけていたドレフュス事件そのものの疑惑が再燃する可能性があるだけでなく、さらに、スパイを突き止め排除することもできないフランス軍そのものの正当性を世論が問題視する可能性があったからである。こうして、軍法会議においてエステラジーは無罪を言い渡され放免された。この一件はドレフュス有罪をかえって確信させる形となり、フランスの世論は圧倒的にドレフュス有罪説に傾き、スパイ事件としても社会的事件としてもドレフュス事件にはこれで決着がついたかに思われた。

ところが、このドレフュス派にとって圧倒的に不利な状況の中、一八九八年一月十三日、社会批判を続けてきたことで有名な作家エミール・ゾラが『オーロール（*L'Aurore*）』紙上に「私は告発する……！（J'Accuse...!）」と題する、大統領に宛てた公開書簡を発表する。それは、ドレフュス事件における軍部の陰謀を暴露し、神聖とされ尊敬されていた軍部の腐敗を告発するものであった。この手紙は国民の間に大きな衝撃と議論を巻き起こし、国論はまさに二分され、ドレフュス派・反ドレフュス派の市民が市街で衝突し、大規模な暴動を起こすほどであった。

ゾラは名誉棄損罪で逮捕され、すぐさま有罪となり、控訴を待たずにイギリスへ亡命した。しかし、このゾラの勇気ある告発によって、ドレフュス事件は国際的にも注目を浴びる事件となり、軍部ももはや無視を決め込むことはできなくなった。そこで、軍部は、ドレフュス有罪の証拠を、さらに偽造した。あのアンリが、ドレフュス逮捕のそもそものきっかけとなったメモに細工し、ドレフュスがスパイであるとの文章を書き加えたのである。

当時陸軍大臣に就任したばかりのジャック＝マリー・ウージェーヌ・カヴェニャック[3]は、この陰謀を知らず、副官に関連資料の洗い直しを命じた。その結果、アンリのメモ偽造が発覚した。アンリは逮捕された。尋問の中で彼は偽造を認め、「ドレフュスの有罪がフランスのためになる」と語り、反ドレフュス派はこれを「愛国的偽書」としてむしろ賞賛した。アンリは監獄に送られた翌日、死体で発見された。その死は自殺とされたが、今日に至るまで事実は解明されてはいないものの、自殺であるとは誰も信じてはいない。こうして、もはや陰謀の存在は明白となり、エステラジーはイギリスへ逃亡した。

一八九九年六月破棄院はドレフュスに対する最初の判決を無効とし、再審を命じた。こうしてドレフュスは、約四年半ぶりに帰国した。そして同年八月軍法会議が開かれた。しかし、驚くべきことにと言うべきか、やはりと言うべきか、この軍法会議でドレフュスは再度有罪を宣告された。軍部は前回と同じ主張を繰り返し、判事は、判決に絶対の確信がないことを示す「情状酌量の余地あり」との言葉を付け加えたものの、彼に十年の禁固刑を言い渡した。ここでも、問題となっていたのは、ドレフュスがスパイ行為を働いたか否かという事実問題ではなく、個人の権利と、軍の名誉そして国家の安定とどちらを優先すべきかという原理的な問題だったのである。

この有罪判決の十日後、大統領による恩赦がドレフュスに与えられた。翌年にパリ万国博覧会の開催を控え、フランスのイメージを低下させる国際的ニュースとなっていたドレフュス事件をこれ以上続けることは、対外的に不利益だったからである。ドレフュスは恩赦を受け入れたが、無実を証明するための努力を続けた。

この努力の甲斐あって、遂に、一九〇六年七月破棄院が二度目の有罪判決を、再審の命令なしで、取り消した。ドレフュスは軍務への復帰を認められ、かつて軍籍を剥奪された同じ陸軍士官学校校庭で、レジオン・ドヌール勲章を授与された。

事件に包含された多数の対立軸

単なる冤罪スパイ事件がこのように国民的な関心事となり国家体制を揺るがす大事件に発展したのはなぜだろうか。それは、この事件の対立軸が複数存在し、各人がその各様の立場からいずれかの対立軸に関与する形になっていたからだろう。つまり、この事件は、ドレフュスが実際にスパイか否かが問われたのではなく、いくつかの異なった立場から、ドレフュスが有罪であるべきか否かが問われたのである。

確かにこの事件は、後に一般的に言われる通り、反セム主義対人権擁護の対立であり、その意味では人種差別絡みの冤罪事件であった。ドレフュス有罪説が当初市民の間で圧倒的に優勢だったのも、彼がユダヤ人であったことに由来すると言わざるをえない。しかし、その裏にはさらに、当時のフランス財界を牛耳っていたいわゆる二百家族と呼ばれる金融資本（その多くはユダヤ資本であった）に対する強烈な反感も潜んでいた。この点で「反ユダヤ主義は反資本主義・反独占の象徴」（中木 1975：上 313）であり、そこにゲード派やブランキ派といった社会主義勢力が加わることで、資本主義対社会主義の対立軸が形成されてもいた（ただし社会主義勢力＝反ドレフュス派という図式が成り立つわけではない。ジャン・ジョレスがドレフュスを擁護したのはよく知られている）。さらにもちろん、旧王党派・カトリック勢力も反ユダヤであると同時に反金融界であった。ここではドレフュス事件は、教権主義（Cléricalisme）対反教権主義の対立として展開されていった。さらに、「対独復讐のための軍の権威の保持というナショナリスト・右派勢力・軍の運動」（*ibid.*：上318）は、既に我々が見た通り強烈であった。ここに、個々の事実よりも国家の権威を優先させる国家主義（Étatisme）対反国家主義の対立軸が形成される。この対立軸は、とりわけ国家のあり方に直結していただけに、次第に国粋ナショナリズム側からの第三共和制批判、ことにその議会制に対する批判の色彩を強めていった。そして最終的にこれら複数の対立軸は、政治的には第三共和制擁護派対反共和制派として、社会的には人権擁護対国家主義として大きくまとめられ、全体としてドレフュス派対反ドレフュス派の対立として歴史の中に現れたのである。

しかしこれら事件に内在するいずれの対立軸も、単なる事実の問題や政治的駆け引きの水準の対立ではなく、そもそもの国のあり方・社会統合の原理を巡っての対立であったことに変わりはない。すなわち、祖国フランスは何を中心に統合されるのか、それはカトリシズムそしてブルボン家なのか、ナショナリズムなのか、資本主義なのか、社会主義なのか、それとも普遍的人権なのか。そして強力な国家、威信を備えた軍こそが統合され安定した社会のための最高位の条件なのか、その上に議会共和制、そして人権は置かれうるのか、否か。さらにその根底として——議論を少々先取りして言えば——社会の統合は、その具体的表象が何であれ、カトリシズムであれ神授された王権であれ神聖なフランス軍であれ、いずれにせよ超越性に根拠を持つ権威によるのか。それともこの人間たちの世界たる俗世、フランス革命以降希求され実現されてきた共和制を一つの具体的形態とするような、世俗性に根拠を持つ権威によるのか。結局のところ、この一点において多様な立場が収斂し、全体として「ドレフュス事件」という多くの人々を巻き込む大事件を構成していたのだと思われる。

「分裂」の果てに見出した「一つの権威」

さて、ドレフュス擁護派知識人の一人として、人権同盟のボルドーにおける指導者の一人として、そして自身ユダヤ人の一人でありまさに当事者として、この事件を直接体験したデュルケームは、事件がまさに進行中の一八九八年七月、論文「個人主義と知識人」を発表し、この事件の意味するところを論じている。

デュルケームにとって、ドレフュス事件における分裂は、単に政治的次元の分裂ではなく、ましてや単なる事実認定次元の分裂ではなく、より深い「社会」的次元での分裂であった。それはユダヤ人大尉ドレフュスが「事実として」スパイ行為を働いたか否かについての分裂ではなく、既に我々が確認した通り、多くの面での対立を含む、しかしいずれにしても社会統合の根本原理を巡っての分裂であった。デュルケームはこの点をはっきりと認識している。彼自身の言によれば、昨日の論争はより根深い不一致の表面的な現れに過ぎず……人々の精神（les esprits）は、事実の問題（question de fait）についてよりもずっと、原理の問題（question de principe）について分裂した（Durkheim 1898 : 262 = 207）

のである。

しかし、このような形でデュルケームの眼前において繰り広げられた社会的現実は、彼の認識に大きな困難をもたらした。なぜなら、我々が先に確認した彼の「社会学的」認識によれば、社会現象は、それがいかなるものであれ、固有の存在性、「客観的実在性」を持つものであり、したがって少なくとも正しい仕方によってならば、万人によって他ならぬ「事実」として受け入れられるはずである。その意味で、ドレフュス事件は本来外的に観察可能な証拠によってドレフュスの有罪無罪を判定しうる事実問題に留まるべきものである。だが、現実に、単なる政治的権力争いの水準ではなく、「社会の分解（dissolution sociale）」（*ibid.* : 274 = 216）に帰結しかねない深い原理的な社会的分裂が生じていることは明らかであった。

だが、デュルケーム社会学が成立するのであれば、社会現象は「事実」でなければならない。換言すれば、社会は一つのまとまり、自立した客観的な一全体でなければならない。この、自ら創始した社会学の基盤自体を破壊しかねない現実に対し、デュルケームはどう応えたのか。

彼は言う。

一社会は、その成員の間に一定の知的道徳的共通性（communauté intellectuelle et morale）がなければ結合されえないことは明らかである。（*ibid.*：271 = 214）

「一人民のすべての道徳的知的状態」たる「習俗」を、そして「社会それ自体」を見出したトクヴィルから続く社会認識の歴史的発展の一段階として、そうであらねばならないことは理解できる。しかし、そうだとしても、神的超越性を完全に排除するデュルケーム社会学は、この共通性を、つまり「社会」の自立性・自己完結性を、「社会的存在」としての「人間」の「人間性」を、どのように保証できるのか。

デュルケームによれば、歴史の進展に伴う社会の規模の拡大と分業の進展により、個々人の多様性は必然的に増大する。その結果、

我々は、同一社会集団の成員が、その人間性（qualité d'homme）すなわち人間的人格一般（personne humaine en général）を構成する諸属性以外には何の共通点も持たない状態……に向かって少しずつ進んでゆくのである。（*ibid.*）

そして、

個人はその尊厳を、より高い次元の、あらゆる人間に共通な源泉から受け取るのである。個人がこの宗教的尊敬に対して権利を持つのは、彼が自らの内に人間性（l'humanité）のなにものかを保持しているからである。人間性こそ尊敬さるべきもの、聖なるものであり、個人の中のみにあるのではない。……人間が同時に対象であり主体であるこの崇拝は、個人として存在しその固有の名前を持つ個別的な存在に向けられるのではなく……人間的人格に対して向けられているのである。それ故、こうした目的は、非人格的・匿名的であらゆる個別意識を超えた彼岸にあり、これらの意識の結集の中心として役立っている。……ところで、社会が結合を保つために必要な条件は、その成員が同一目的に視線を集め、同一信念を持って結集することである。……結局、このように理解された個人主義は、自我ではなく、個人一般（individu en général）の栄光の賛美になるのである。（*ibid.*：267-268＝211-212）

かつて世界を保証し人間の平等性・同類性を支えていた超越的権威は、ドレフュス事件という歴史的現実の中で国家主義・カトリシズムなどとして、今や社会と人間を抑圧するものとして立ち現れている。それは、事実としてスパイ行為を働いていないことが明らかな人間を、国家の安寧のために有罪としている。加えて、超越性から切り離された、外部を持たない世俗世界＝社会を世界と看做す社会学者デュルケームにはもはや――トクヴィルとその時代とは異なり――そのような（神的）超越的権威を人間の同類性・共通性・平等性の保証人として措定することはできなかった。にもかかわらず、人間の同類性を、すなわち「社会それ自体」を、「習俗」の世界を、「知的道徳的共通性」を保証するためには、その同類性の源たりうる一つの権威を見出すことが、前世代から受け継いだ認識の論理からして不可欠であった。

かくしてデュルケームは、超越と世俗とのどちらでもない、その「あいだ」に、人間性を（抑圧するのではなく）保証する権威を見出すという極めて悩ましい地点に到達したのである。そして同時に、この困難な課題に対して「個人主義（individualisme）」「人間的人格一般」「個人一般」という回答を与えたのだ。すなわち、社会の発展＝歴史の必然的な進展として、世俗的な「物」としての個人とは区別されると同時にその世俗性の中にこそ見出されうる「人間性」そのものを、「一般的・普遍的ではあるが非超越的な」権威として抽出し、もって社会と人間の新たな保証として位置付けたのだ。以後我々は、人間性を持つ存在一般として、この世俗社会に生きる人間として、人民として、同類であり、人類なのである。

こうして、トクヴィルの予見は現実のものとなった。我々は遂に、人間性の限界の内に、我々を社

会的存在として自立した人間たらしめる「一つの権威」を見出した。デュルケーム自身の言葉によれば、

人間は人間に対して神になった（*ibid.*：272 = 215）

のだ。[4]

4　社会的生の原理としてのトーテム原理――「生きる物」としての人間と社会へ

『宗教生活の原初形態』の到達点

しかし、この結論は明らかに不十分である。確かに、世俗に生きる人間たちを、神的超越性を持ち出すことなく、しかし世俗そのままではなく「人間性一般」としてまとめ上げるという認識は、歴史

的課題に対する見事な回答ではある。しかし、その内実、すなわちこの「人間性」の意味内容を問われた時、この議論は限界を露呈する。結局のところ、この議論はまだ「人間とは人間性を持ったものである」との同義反復に過ぎないと批判されかねない地点に留まっているからだ。

幸いデュルケームはこの後も、社会性と人間性の基盤に関する研究を続けた。それは、主にトーテミズム社会を対象とした宗教社会学的研究において展開され、晩年の著作『宗教生活の原初形態』(1912：以下『原初形態』と略記)の中で、あるぎりぎりの地点にまで到達した。すなわち、社会一般の統合原理と看做された「トーテム原理(principe totémique)」である。

崇拝が向けられるのは、まさにこの共通の原理に対してなのである。言い換えれば、トーテミズムは、なにがしの動物、あるいはなにがしの人間、もしくはなにがしの画像の宗教ではない。これらの存在のいずれにも見出されるが、それにもかかわらずそのいずれとも混交されない一種の匿名の非人格的な力の宗教である。これをすべて所有しているものはなく、またすべてがこれを分有しているのである。トーテムは、それが受肉化している個別の主体よりも後まで生き延び、かつまたこれに先行するほどに、これら特定の主体から独立している。個人は死ぬ。世代は過ぎ去り、そして他の世代に取って代わられる。けれどもこの「トーテム原理という」力はいつも現実に生き生きとしてその姿を変えずに残る。これは、昨日の世代に生を吹き込んだように、明日の世代に生を吹き込むであろうように、今日の世代に生を吹き込む。……これは、トーテム的崇拝が崇める神であると言えよう。ただし、それは世界に内在し、無数の雑多な物の中に拡散している、名も歴史もない非人格的な神である。（Durkheim 1912：269＝上341）

また、「ワカン（wakan）」と呼ばれるトーテム原理について次のように説明する。

それは、生きているあらゆるものの、活動しているあらゆるものの、動いているあらゆるものの、原理である。……この共通の生の原理（ce commun principe de vie）こそがワカンである。トーテムは個人がこのエネルギーの源泉と関係を結ぶ手段である。（*ibid.*：276-279＝上348-351：強調引用者）

この意味において、

トーテムは氏族の道徳的生の源泉である。同じトーテム原理の中で交流しているあらゆる存在が、トーテム自身によって、互いに道徳的に結ばれていると自覚しているのである。（*ibid.*：271＝上344：強調引用者）

この生の原理が生み出される過程は「創造的沸騰」と呼ばれている。

> 生命そのものからこそ、生きた信仰が発出しうる……新たな理想が発露し、しばらくの間人類（l'humanité）の指南となる新たな法式が見出される創造的沸騰（effervescence créatrice）の時を、我々の社会が再び知る日が来るであろう。（*ibid.*：611＝下 343：強調引用者）

このようにトーテム原理とは、死すべきものとしての個々人を超えたもの、かえってその個々人へと流出し分有されることによって個々人に生を与える、その意味で社会的生命のエネルギーの源である。それは個々のトーテムとして表現され、それ故に社会における人々の結び付き＝社会統合の源泉となっている。この意味でトーテム原理は、社会が社会であり人間が社会的存在であることの源であり根底である。すなわちこの原理によってこそ、各人は同じ人間として互いに社会的道徳的に結び付けられているのである。

であるが故に、この社会的生を生きる人間の人間性、人としての資格、すなわち人格について、デュルケームは、近代社会における人格とトーテミズム社会における魂は本質的に同じものであると捉えた上で、この人格＝魂について以下のように述べる。

魂とは、一般的に言って、各個人の内に受肉したトーテム原理以外のなにものでもない。

(*ibid.*：355-356 ＝下 25)

かつてと同様に今日でも、魂とは、一方では我々自身の内にあるより善い、かつまたより深いものであり、我々の存在性 (notre être) の卓越した部分である。……社会が、個人の内にのみ、かつまたこれらによってのみ存在しているのと同様に、トーテム原理は、その連合が氏族を形成する個人意識の内にのみ、かつまたこれらによってのみ生きるのである。もし個人意識がその内にトーテム原理を感じなかったならば、トーテム原理なるものは存在しないであろう。個人意識こそ、この原理を物の中に置くものである。したがって、トーテム原理は、必然的に、個人意識の内に分配され、細分化されなければならない。これらの断片の各々が一つの魂なのである。

(*ibid.*：356 ＝下 26-27)

人間の魂はトーテム神性の小片である。(*ibid.*：357 ＝下 27)

さらに言えば、

個人の魂は集団の集合的魂の部分に過ぎない。それは、崇拝の基底にある、誰のものでもない力であるが、ある一人の個人の中に化身して、その人格性と相即しているのである。それは個別化したマナ（*mana*）［と呼ばれるトーテム原理］なのである。（*ibid.*：378＝下56：強調原著者）

かくして、超越性を排した実証科学である社会学によって、社会的存在としての人間の根拠が確認された。それはトーテム原理であり魂である。ところがもはやこれは明らかに可感的なものではない。外的に観察可能なものでもない。この意味でそれはもはや「物」ではないのだ。それはある意味では超越性だとさえ言いえよう。しかしそれが社会と人間のまさに根底に確認されるに至ったのだ。

ついに語られなかった「生の原理」の内実

もちろんデュルケームはそうとは認めない。彼は、かつて自ら打ち立てた規準に従って、この超越性をさえ、あくまで世俗社会に、すなわち外的に観察可能な、その意味で可感的な社会的事実の総体としての社会に帰着させようとする。彼にとって社会とは、あくまで可感的な「物」でなければならないのだから。

［トーテムとは］一方で、我々がトーテム原理、またはトーテム神と呼んだものの可感的な外的形態である。しかし他方それは、氏族と呼ばれるこの特定の社会の象徴でもある。……したがって、それが同時に神と社会との象徴であるとすれば、神と社会とは一つのものでしかないのではなかろうか。……氏族の神、トーテム原理は……氏族そのもの以外ではありえないのだ。
（*ibid.*：294-295 = 上 372-373：強調引用者[5]）

しかし、この立論は明らかに無理だ。二つのものが一つの象徴を持つからといって、それらが同一のものだなどとは、少なくともそれだけでは言いえない。しかし、反教権主義・世俗性を掲げる第三共和制という歴史的背景から、デュルケームにはそう考える以外なかったのだ。物としての社会・物としての人間を実際には超える地点に達していても、その限りでは超越を見出してしまっていたとしても、決してそうとは口にできず、課せられた歴史的課題に誠実に対応し、すべてを社会にむりやり還元する論理を選ばざるをえなかったのである。実際、『原初形態』出版の翌年には、自らの理論が形而上学的であるとの批判に対し次のような強弁さえしている。

社会は、個人とまったく同様の、観察できる物である（La société est une chose d'observation tout comme l'individu）。（Durkheim 1913：43 = 229：強調引用者）

理論的な側面から言えば、歴史的期待に応えて一切の超越性を排し、知覚可能で可感的な世俗社会を全世界と看做したデュルケームは、その結果として、この可感性（sensibilité）を外的な観察可能性（observabilité）と、そして客観性／対象性（objectivité）と同一視し、これら概念の外部に存在する経験的現実を、こっそりと裏口からしか自らの理論の中に取り入れられなくなってしまったのだ。

こうして事実上ある種の超越を発見したデュルケームはしかし、社会統合の、道徳性の、世俗に生きる人間の同質性の源としてトーテム原理を見出しえたものの、その具体的な内容を正面から議論することはできなかった。せいぜいのところ「共通の生の原理」という言葉だけしか言いえなかった。だが、この概念を展開しその深意を明らかにするだけの寿命は彼には与えられなかったものの、「生の原理」の発見は、次章で見る通り、実は社会思想史上の重要な一到達点であったのだ。

5 『自殺論』について

デュルケーム思想の豊かな広がり

ここまでの記述の中で、社会学の紛う方なき古典であり、デュルケームの主著と呼ばれることもある有名な書物について、軽く触れたに留まっていることを奇妙に思っている向きもあろう。すなわち、『自殺論』である。

「社会の誕生過程」という本書の主たる流れの中で、この著作はあまり大きな位置を占めるものではない。しかし、我々がその中で生きている「社会」の誕生について論じる本書にあって、「自らの選択による自らの死」という極めて人間的な行為に関する社会学的研究をほとんど扱わない、というのは片手落ちだろう。デュルケームという社会学者の思想を理解するためにも、彼の主著の一つである『自殺論』を今少し検討し、その価値を明確にしておきたい。

とはいえ、この書の精密な分析は本書の主旨を大きく外れる。そこで本節ではむしろ、この書が全体として持つ多様な価値を大まかに示すに留めたい。にもかかわらず、この作業によって、前節までは描ききれなかったデュルケームの思想の豊かな広がりを、多少なりとも示すことができればと思う。

本章第一節末尾における『自殺論』の位置付けは次のようなものだった。すなわち、『規準』に著された世俗的な人間観／社会観によって初めて可能となった「世俗的で客観的な社会学」の一実践であり、とりわけ「物としての社会的事実」の適用であると。それは人間の社会的行為を「物」と看做し「量」として処理する試みであると。

しかし、さすがにこれだけの言及ではデュルケームに厳し過ぎるだろう。実際『自殺論』の思想史上の意義は、自殺という社会現象の単なる統計処理だけにあるわけではない。この書はもっと豊穣な内容を含んでいる。

初めにこの書の全体構成を掲げておこう。

原書で四百五十ページほどと決して短くはない『自殺論』においてもデュルケームは、先に見た『規準』同様、まずもって形而上学を拒否し、物としての社会的事実を主張し、「客観的」な科学を実行しようとする。事実彼は『自殺論』序文で以下の通りに断言する。[6]

社会学者は、社会的事実に関する形而上学的思弁に甘んじることなく、はっきりとその輪郭を描くことができ、いわば指で指し示され、その境界がどこからどこまでであるかを言うことができるような事実群を、その研究対象とし、断固それと取り組まなければならない。(Durkheim 1897：vii = 11)

私の実践している社会学的方法は一に帰して、社会的事実は物のように、言い換えれば、個人の外部にある実在のように研究されなければならない、という根本原理の上に立てられている。(*ibid.*：ix = 13)

その上で彼は、続く序論で自殺を定義する。その際、一般的に考えられている自殺の定義すなわち「自らに対する意図的な殺人」(*ibid.*：4 = 20) という概念定義を、「観察が困難であるため、たやすくは識別し難いという難点をはらんだ特徴によって自殺を定義することになる」(*ibid.*) として退ける。

「意図というものは、あまりにも内面的なものであって、外側からはおおよそのところしか知ることができない」(*ibid.*)からである。

このような調子で、先に我々が『規準』の中に見た、「客観的」で世俗的な科学が、自殺という現象を題材として実際に構築されてゆくのだ。確かにこれが『自殺論』の基本的な姿である。

全三編からなるこの書は全体にわたって図表と統計数字を多用する。詳細な分析はここでは避けるが、例えば第一編「非社会的要因」では、自殺率に影響するとそれまで考えられてきた諸々の非社会的要因(精神病、アルコール依存、知能、人種、遺伝、気候、模倣など)に対し、統計を駆使し、表や地図を作成して、それら要因の影響力(自殺率との関連性)を否定してゆく。そのさまは、力強く、説得的で、痛快でさえある。

さらに、続く第二編「社会的原因と社会的タイプ」でも同じく、自殺率と宗教や教育水準、結婚、家族、政治、軍隊、経済状態、職業などとの関係に、同じく統計数字を駆使して迫り、今度はその関係を打ち立ててゆく(何教の自殺率が高いか、どのような景気の状態の時に自殺率が高いかなど)。このさまも、なかなかに鮮やかで、魅力的でありまた説得的である。

こうした分析に共通の特徴は、それ以前はもっぱら私的で主観的なものと捉えられていた自殺という人間行為を初めて、足し合わせ、人口で割り、一定地域の自殺率として数字を構成し、その数字の経年変化を連続的なものと看做し、これを社会的集合的にのみ説明できる「客観的な社会現象」であるとして、数学的統計処理に掛けたことである。

これはまさしく「個々人はみな社会の中でこそ、そしてそこでのみ同じ人間であ」ると歴史的に捉えられたことの帰結である。つまり、本章第一節末尾で指摘した通り、「個々人の自殺という現世の個別的行為は『物』として同類・同質的であると把握されうるものとなり」「そのような把握を前提として個別事例としての自殺を積算し」これを「『量』として数学的に統計処理することができるようにな」ったことそのものである。要するにこれは、「物としての社会的事実」という原理の適用であると同時に、人間の同質性の思想史的展開の、つまり社会の誕生過程の、すなわちトクヴィルからデュルケームが受け継いだ世俗的な社会観／人間観の、直接的な帰結なのだ。

しかるに、『自殺論』の特徴は以上に留まるものではない。というよりもむしろ、いかに鮮やかとはいえ近代社会学黎明期の素朴な、コンピュータさえ使っていない、したがって今日の目から見れば粗さや甘さが目立つ統計処理よりもずっと、そのような統計数字を用いて展開された論理・推論の方が、実のところ意味深く魅力的なのだ。

例えば、先に垣間見た宗教と自殺率との関係は、単に何教の自殺率が高く何教のそれが低いかという相関関係を統計的に明らかにするに留まらず、それはなぜなのかというその理由を社会学的な観点から説明する。「厳格なユダヤ教社会は統合の度合いが強いため自殺率が低いのに対し、聖書を各人自らが読むために識字教育を重視しその自由な検討を許すプロテスタント社会は統合が弛緩しているため自殺率が高い。カトリックについては社会統合の緊密さも、したがって自殺率も両者の中間にある」(第二編第二章「自己本位的自殺」より抜粋・要約)。

> 宗教のこの恩恵に富んだ作用[自殺を抑止する作用]は、宗教思想の独特の性質に由来するのではない。宗教が人々を自己破壊への欲求から守ってくれるのは、宗教が一種独特の論理で人格尊重を説くからではなく、宗教が一つの社会だからなのである。その社会を構成しているのが、すべての信者に共通の、伝統的な、またそれだけに強制的な、一定の信仰と儀礼の存在に他ならない。そのような集合的状態が多ければ多いほど、また強ければ強いほど、宗教的共同体は緊密に統合されているわけで、それだけ自殺を抑止する力も強いことになる。教義や儀式についての細々とした内容はさしあたり重要ではない。(*ibid.*: 173 = 196-197 : 強調引用者。ただし「一種独特の」の強調のみ原著者)

つまり、一般通念に反して、自殺の禁止、霊魂不滅、天国と地獄といった宗教教義の内容、その教えによって自殺者が増減するわけではなく、むしろずっとその宗教社会の統合度、とりわけ伝統的宗教儀式や信仰の強制的な実践度によるというのだ。

ではなぜ社会の統合が弛緩すると自殺が増えるのか? これはなかなか深く、現代社会とも密接に関連する説明がデュルケームによって提示されているのではあるが、ここでその単純ならざる説明を解説することは、もはや本書の範囲ではなかろう。これについては拙著『トクヴィルとデュルケーム——社会学的人間観と生の意味』（菊谷 2005a）第二章第三節「生の意味喪失——自己本位的自殺」において論じたので興味を持たれた方はこちらを参照してほしい。

ただ、この点について一言だけここに述べるとするならば、それは要するに「むなしさ」に起因するということである。そしてその「むなしさ」は、各人の生を意味あるものとしている「社会」から諸個人が（自覚的であれ無自覚にであれ）離れてしまったからである。これが社会統合の弛緩の正体だ。

というのも、デュルケームの言によれば、

実は、人間の生がどのような価値を持っているかについて、全体的な判断を下しうる地位にあるのは、社会だけであり、個人にはその能力はない（*ibid.*：229 = 255）

のだから。そして、

信仰を固く奉じている信者や、家族社会や政治社会の諸関係に強く結び付いている者にとっては、問題は存在しない。彼らは自ずから、反省に頼ることなく、自分の存在とその行為を、それぞれ教会やその生きた象徴である神に、あるいは自分の家族に、あるいはその祖国または党派に委ねる。……しかし、信者に疑問が芽生えるようになると、すなわち、属している宗派への連帯感が弱まって、それから離れるようになると、また自分の属していた家族や都市がよそよそしいものになってくると、それだけ彼らには自分自身が謎となり、神経を刺激する、そして不安に満ちたあの疑問から逃れられなくなる。「一体、何のために……」。(*ibid.*: 227-228 = 253)

更なる論の展開は、上記拙著でご確認いただきたい。

アノミー的自殺

さて、経済状態(景気変動)との相関についてもデュルケームは興味深い論理を打ち立てている。彼は、一般的なイメージと異なり景気のよいとき同様悪いときも自殺率は低いこと、自殺率はむしろ、景気の上昇局面や下降局面という変動期に上がることを示した上で、これは社会状態「アノミー(anomie)」との関係で社会学的な説明を試みる。「社会がアノミー状態すなわち無規制な状態であればあるほど、つまり社会秩序が揺るがされれば揺るがされるほど、自殺率は上昇する。経済的危機(恐慌)のみならず急激な経済発展においても自殺率が上昇するのはこのためである。逆に、好況のみならず不況が続いている状態、つまり経済的困窮状態は、実は規制された状態であり、そのためそこでは通念に反して自殺はごくわずかしか見られない」（第二編第五章「アノミー的自殺」より抜粋・要約）。

つまり、

［経済的危機に自殺率が上昇する］真の理由は、それらの危機が危機であるから、つまり集合的秩序を揺るがすものであるからなのだ。なんであれ、均衡が破壊されると、たとえそこから大いに豊かな生活が生まれ、また一般の活動力が高められる時でも、自殺は促進される。社会集団の中に何か重大な再編成が生じるときには、たとえそれが突然の発展的な運動に起因するものであろうと、何か不意の異変に起因するものであろうと、決まって人は自殺に走りやすくなる。

（*ibid.*：271 ＝ 300）

その理由は、

［欲求が有機体の必要に限界付けられている動物と異なり］人間の本性が本能的に働く時には、それで満足してしまうような必要最小限の量があっても、さらにその上に、覚醒した反省（la réflexion, plus éveillée）が、望ましい目的と映じ活動を刺激するよりよい条件の存在することをそれとなく予見させるから（*ibid.*：273 = 301）

である。というのも、

［欲求のような］人間の感性（sensibilité）は、それを規制している一切の外部的な力を取り去ってしまえば、それ自体では、なにものも埋めることのできない深淵（*ibid.*：273 = 302）

となり、容易に「際限のない欲求」（*ibid.*）となってしまうからである。そして、

手の届かない目的を追い求めるならば、人は果てることのない不満の状態をもって罰せられる。（*ibid.*：274 = 303）

この事態を避けるためには、覚醒した反省的意識を持つ人間の欲求が本能によって限界付けられていない以上、

個人の外部にある何らかの力が必然的にこれを限界付けなければならない（*ibid.*：275＝304）

のだが、これが可能な社会的な力（道徳的権威）が、急激な経済変動によって衰える時、社会は無規制すなわちアノミーに陥り、人々は簡単なきっかけで自殺を実行しうる精神状態に、すなわち果てしない不満、不安、焦りに晒されることになる（「むなしさ」に起因する自己本位的自殺とはこの点ではっきりと異なる）。

かくして、このような――興味深いが一筋縄ではゆかない――メカニズムによって、

人々の活動が規制されなくなり、それによって彼らが苦悩を負わされているところから生じる（*ibid.*：288＝319）

そのような「アノミー的自殺」が、景気の上昇局面でも下降局面でも増加するのである。

同じ理由から、そもそも人間の欲求が厳しい現実によって制限されざるをえない貧しい国々、困窮状態にある社会では自殺は極めて少ない。デュルケーム自身はこれを、

貧困が［自殺から］人々を保護しているとさえ言いうる（*ibid.*：269＝298）

貧困はそれ自体で自殺の一つの歯止めを成している（*ibid.*：282 = 312）

とさえ看做している。

さらにおもしろいことに、同様のメカニズムによって、離婚の多い社会に自殺が多いという統計的事実も説明される。これを家族的アノミーないし夫婦アノミーとデュルケームは呼ぶ。というのも、

離婚とは、結婚生活という規制の弛緩を意味するもの（*ibid.*：305 = 338）

であるからだ。つまり、

実際、結婚生活とは何であろうか。それは両性の関係に対する一つの規制であるが、この規制は、性的交渉によって目覚める肉体的本能の上に及ぼされるばかりでなく、身体的欲望の土台の上に文化が次第に積み重ねてきたあらゆる種類の感情の上にも及んでいる。我々における愛情というものは、有機体的なものであるよりも、むしろはるかに精神的なものだからである。男性が女性に求めるものは、単なる生殖の欲望の充足だけではない。この自然の傾向が、仮に一切の性

的なものの発達の根源であったとしても、それは、おびただしい種々の美的・道徳的感情によって次第に複雑化されてきたので、今日では、本来それを源泉として生まれてきた全体的な複雑な過程の中の小さな一要素に過ぎなくなっている。それは、知的な要素と触れ合うことによって、自らある程度身体から解き放たれ、いわば知性化されてきた。身体的な刺激と共に、精神的な理由からもこの自然の傾向は呼び起こされる。したがって、それは、もはや動物に見られるような規則的、自動的な周期は示さない。心理的興奮は、いついかなる時でも起こりうる。休止の期間を持たないのだ。ところで、このように変形された諸傾向は、まさに直接的に有機体の必要に依存していないがために、それに対する社会的規制が欠かせないものとなってくる。有機体の中にそれを抑制してくれるものが何もないので、社会の手による抑制が必要となる。結婚生活の果たす機能は、まさにここにある。それは、こうした情熱に支配される生活のすべてに規制を加えるのであるが、中でも一夫一婦婚は、他にもまして一層厳格な規制をこれに及ぼす。それは、男性に、常に同じただ一人の女性とだけ結び付くように強いることによって、彼の愛の欲求に厳しく限定された対象を定め、限界を付してしまうからである。（*ibid.*：303-304 = 335-336：強調原著者）

したがって、

［結婚していない者の］果てるところを知らない追求の中では、感性の苛立ちの起こらないはずがない。（*ibid.*：304-305＝337）

故に、

必然的に自殺の機会を増大させる不安、動揺、不満の状態が引き起こされる（*ibid.*：305＝338）

のである。

付け加えれば、結婚生活の解消による自殺率の増減には、はっきりとした男女差がある。一般的に言って、離婚後の男性の自殺率は顕著に上昇するにもかかわらず、離婚女性のそれは変わらないかむしろ逆に減少する。この現象についてもデュルケームはなかなかおもしろい社会学的説明を加えているが、これは読者諸氏の楽しみとして取っておくこととしよう。

なお、今日ではよく知られたこのアノミー概念は、知的世界で長く忘れ去られていたところをデュルケームが社会学において復活させたものである。人間の欲求論に基礎付けた彼のアノミー概念はこの後ロバート・K・マートンらによって社会学の中でさらに展開され改良された[7]のみならず、心理学等隣接諸学問分野でも用いられるなど、現代人間科学・社会科学に広く浸透している。これと同様に、デュルケーム以後発展し広まった概念は、この書の中に他にも多々見られる。

デュルケームの〝質的〟魅力

ところで、先に社会の統合が弱いほど自殺が増えると示したが、実は統合が強過ぎる社会でも自殺の増加が見られることをデュルケームは指摘している。自己本位的自殺の対概念、集団本位的自殺である。この自殺についても見ておこう。

自己本位的自殺は、人がもはや自分の生にその存在理由を認めることができないことに由来し、集団本位的自殺は、生の存在理由が生そのものの外部にあるかのように感じられることに由来する。（*ibid.*：288 = 319)

つまり、

前者［自己本位的自殺］は過度の個人化から生じるものであったが、それにひきかえ、後者［集団本位的自殺］はあまりにも未発達な個人化を原因とする。すなわち、一方は、一部分あるいは全体的に解体に瀕した社会が、個人をそこから逸脱するにまかせているために起こる。他方は、社会が個人をあまりにも強くその従属下に置いているところから起こる。自我がただ自分自身のみの生を営み、自己以外のなにものにも従属しないでいる状態を自己本位主義（égoïsme）と名付けた上は、集団本位主義（altruisme）という言葉が、その反対の状態を表すのに適切であると言えよう。すなわち、自我が自由でなく、それ以外のものと合一している状態、その行為の基軸が自我の外部、すなわち所属している集団に置かれているような状態がそれである。（*ibid.*：238＝265-266）

この種の自殺の例をデュルケームはいくつか挙げている。例えばインドに根強く残る風習である「夫を亡くした妻の後追い自殺」。また歴史上各地で見られた「主君を亡くした家来の自殺」。さらに「老年に達した者や病に冒された者の自殺」もこの種の自殺であるとされている。というのも、これらいずれの場合も、

自殺がおこなわれるのは、当人自らが自殺する権利を持っているからではなく、それどころか、自殺する義務が［社会によって］課せられているからである。（*ibid.*：236＝262-263：強調原著者）

したがって、この種の自殺は、当該社会では道徳的に悪とは看做されず、むしろ名誉とされる（逆にその拒否は不名誉とされる）。それは「生に執着しない」という徳であり、当人にとっては「犠牲の喜び」でさえある。

また、軍隊では一般市民社会に比べて、自殺率が顕著に高いことが知られている。これも統計数字に明確に表れている。そしてこのような軍隊内での自殺も、集団本位的自殺であるとデュルケームは説明する。なぜなら、

兵士は自分の行為の準則を、自分の外部に持っている（*ibid.*：254 = 282）

のだから。

集団本位的自殺の概念は比較的理解しやすいことと思う。ただ注意すべきことは、これは必ずしも社会的な「強制」とは限らないことだ。逆説的ではあるが、むしろ生の意味の追求として、「自発的に」求められる場合もそこに含まれている。デュルケーム自身は次のように説明している。

自己本位主義者の悲哀は、彼がこの世に個人以外なんら現実的なものを認めないところから生まれるが、常軌を逸した集団本位主義者の悲哀は、反対に、個人にまったく実在性が欠けていると

感じられるところから生まれてくる。一方は、確実に把握することのできる目標を何一つ認めることができず、自己を存在理由のない無用の者と感じて生を放棄する。ところが他方は、一つの目標を所有してはいるが、しかしそれが今生の外部に置かれており、以来、生はその目標にとって障害であると感じられるので生を放棄する。（*ibid.*：243 = 270-271）

『自殺論』最終編である第三編「社会現象一般としての自殺について」においても、デュルケームの（数字の処理ではなく）論理の魅力、換言すれば量的ではなく質的な魅力は明らかだ。そこでは統計数字はもはや後景に退き、いかに自殺率を下げるか、その社会的実践の方法が議論され提案される。これは専門家の間ではよく知られたデュルケームの「同業組合論」の一部であり、彼の他の著作と合わせて分析すると一層深みを増す興味深い議論が展開されている。この論もまた、社会学のみならず政治学においても今日しばしば言及・検討される有益な議論である。が、その内容に触れることは本書のテーマから大きく逸れるためここでは割愛する。

かくして、本節をまとめれば以下のようになろう。

『自殺論』は、「社会の誕生過程を描く」という本書の主たる流れの中では、やはり「超越性を排した世俗世界＝社会における、いわば『目に見える真理』である社会的事実に立脚して、世俗世界の解釈枠組としての『客観的な科学』たる社会学が展開された、その第一の具体例」として位置付けられる。その根拠はとりわけ、自殺という個人的行為を物としての社会的事実として斉一的に把握し、量的な数学的統計処理に掛けた点に認められる。

しかし、『自殺論』という書物で語られている内容はそこに留まるものではなく、むしろ量的処理を背後で支える、概念（アノミー、自己本位主義、集団本位主義など）や論理（人間の欲求論など）、そして実践的な主張（同業組合論など）にこそ――同意するか反論するかは置くとしても、とにかく論点としては――見るべきものがある。これこそこの書物が長い間社会認識の発展に役立ってきた、そして今なお絶えず専門家の間で検討される、上質で豊穣な源泉となっている理由なのである。この意味において『自殺論』は、確かに社会科学の古典と呼ぶにふさわしい書物である。

これ以上『自殺論』について論じることは本書の範囲を明らかに超えてしまう。この先に興味のある読者には、例えば次の本を薦めたい。宮島喬著『デュルケム自殺論』（宮島 1979）、折原浩著『デュルケームとウェーバー――社会科学の方法』（折原 1981）およびフィリップ・ベナール著『デュルケムと女性、あるいは未完の『自殺論』』（Besnard 1988）。

最後に一言。『自殺論』は読み物としても大変おもしろい書物である。無味乾燥な研究書などではまったくない。質のよい日本語訳が文庫で安価に入手可能であるので、解説書や研究書だけではなく『自殺論』そのものを手に取られることを強くお薦めしたい。

補節　身体のユニークネス——社会的事実の地盤

「現実という夢」

さてここで、デュルケーム自身が直接論じているわけではないものの、「社会」という我々の関心を展開する上で必要な「社会的事実・現実」に関する一つの議論を、補節として加えておきたい。もちろんこの議論そのものは本書の本筋ではなく、十全な論述はここでは望むべくもない。しかし、そうであってもこれを身近な日常経験に照らし合わせて検討することで、本書の主たる議論を、歴史と論理性にのみならず現代に生きる我々自身の経験に、一人一人誰もがその当否を確認できる〈私の経験〉に基礎付けることが可能となり、もって本書の議論を現代に生きる誰もが自ら、身をもって納得しうるものにできると思う。そのためにまずは、自らがその中で日々生きている社会的な現実を我々はどのように経験しているのかを反省することから始めよう。

デュルケームが主張したように、社会学が、いや、社会を対象とするあらゆる言説が、何らかの意味で「客観性（対象性 objectivité）」を持ちうるのであれば、その社会的現実は、全面的に主観に還元されうるものすなわち一種の幻想などではなく、何らかの意味で主観・主体（sujet）に対するものすなわち対象・客体（objet）としてあらねばならない。そうでなければ、夢や幻想や作り話と社会科学的言説の間に差異を設けることはできない。何らかの意味でのその「正しさ」を保証する客体性（objectivité）が認められない場合、社会理論は作者の主観的な認識に従った全面的な創作となる。それは、社会学者の趣味ごとに異なる、相互に矛盾しても問題のない、一種の「小説」となる。故に社会的現実は、まずもって確定されねばならない。

この社会的現実の最小限の要素が人間であるとするならば、つまり人間が過去も現在も未来もまったく存在しない状態を社会とは呼べないとするならば、我々人間が現に生きている「現実という経験」を確認することから我々の論を始めてもあながち的外れではないだろう。

そこでまず、「夢と現実が、我々の経験の中でどのように区別されているのか？」を考えてみよう。夢、それも「将来の夢」などと呼ばれる想像や希望ではなく、睡眠中に経験される本来の意味での夢と、覚醒中に経験されるいわゆる現実との違いは、一見するほど明らかではない。実際この困難は、夢と現実の区別を現実の中でおこなおうとすると直ちに現れる。

そもそも、現実の中同様夢の中でも我々は、通常それが現実だと信じて行動する。その夢の内容がどれほど奇妙で非論理的であっても、荒唐無稽でさえあっても、そうである。つまり、今あなたがこの――常識外れの――文章を読んでいる経験が夢ではないことは、あなたがそれを現実だと感じている・信じているというだけでは、まったく保証されない。

逆の事態、つまり夢の中で「これは夢だと自覚する」ことは多くの人が経験していることだろう。自覚夢・明晰夢と呼ばれるやや特殊な夢である。このような夢がある以上「夢が夢であること」すなわち「夢が現実ではないこと」は既に経験に与えられている。したがって、夢と現実の区別とは「現実から夢を区別する」のではなく、「夢から現実を区別する」作業、「現実が夢ではないということを根拠付ける」作業となる。

もしこの区別ができなければ、現実も多々ある夢の一つに過ぎないことになる。この場合我々の現実的生は、唯一のものではなく、他でもありうるものとなり、同時に複数の現実さえありうるものとなり、正しい認識も正しい生き方もなく、善も悪もまったく相対的で結局のところ実在しないものとなる。こうなると、この「現実という夢」は、それ自身特に意味のない、ましてそこに生きる必然的な価値などない、偶然的なものになる。まさしく、「夢」だ。

実際、現実が複数あっても観念的にはおかしくはないのだ。二十一世紀初頭に生きる我々は、多かれ少なかれこのような生と現実の相対主義、そして虚無主義に晒されているように思われる。我々は「現実という夢の中」にいるかのように、「夢中で」生きている。

しかし、そのような生と現実の相対主義者・虚無主義者にとってさえ、実際には現実は一つの特定のものとして経験されているとすれば、そして多世界・他世界は経験に基づかない架空の脱出先でしかないとすれば——実際、彼らがなんと言おうと、我々が我々自身の経験において、現実がただこの、唯一の現実でしかないということを、生きるという経験において日々絶え間なく確認しているとすれば――、それではこの「現実の一意性（ユニークネス）」の根拠はどこにあるのか？

ただ一つの流れ

経験を振り返って考えてみよう。すると経験の中から、夢と現実の異同に関するいくつかの要素が即座に浮かび上がってくる。

例えば、現実に比べて夢は、一種独特の生々しさを持っている。夢の中での出来事に対する感情の反応は非常に激しく、時にドラマチックでさえある。これに比すれば、現実は精彩を欠き、薄ぼんやりとしている。感情経験についても、よほどの歓喜（いわゆる神秘体験など）や激憤でない限り、現実の日常生活ではさざ波のようなものである。

また、夢の中では、事故や天災といったかなり突飛な事態に遭遇してもたいして驚かず、単に「そういうもの」として、与えられたままに受け入れる。これに対して現実では、突発事は非常な驚きをもって、時には事実そのものの否認をもってさえ受け取られる。

さらに、夢は夢ごとに様々な場面から始まるが、現実は必ず目覚めから始まる。そして夢は今夜どんな夢を見るのか実際に見るまでまるでわからないが、現実の方は翌朝どんな現実であるか、それを見る前から、つまり目覚める前から、わかっている（と確信している）――まるで経験に先立って与えられているかのように。

そして、この最後の点に関連して、夢と現実には次の重要な相違がある。

夢の内容は、夢ごとに見事にばらばらだ。我々はある夢の中で子どもであり、他の夢の中で大人であり、また他の夢の中で他人でさえある。夢の中では、背後から自分を見ている自分というような、二つの存在が同時に自分であるような、いわば「二重に自分」であることさえもある。また夢の場面も、現在住んでいる家であったり、幼いころ育った家であったり、かつて通った小学校だったり、まだ通ってもいない大学だったり、と夢を見るたび脈絡なく変化する。つまり、夢には一貫した連続性が欠けているのだ。無論時には昨晩の夢の続きを今晩の夢で見ることもある。しかしそれにしても、この連続する夢を、そしてこの夢だけを、生まれてこの方ずっと見ているわけではなかろう。

これに対して現実は、覚醒するたび常に「前の続き」だ。起きてみれば昨晩就寝した場所におり、外に出れば昨日までと同じ人たちに出会う。泥酔して道路に寝たり、病気で気を失ったりして、警察の留置場や病院のベッドで目覚めたとしても、昨日までと変わらぬ家族が迎えに来てくれる。何より、常に自分は自分、私は私である。

私の現実には同時並行のサイドストーリーは生まれない。もし生まれたらそれは、〈私〉が同時に二人いることになってしまう。しかしそのような事態は、論理的に困難である以前に、経験に真っ向から反している。経験に即せば、私の現実は常に一つの連続ドラマである。あってもよさそうなものなのに、スピンオフはない。また、まったく同じ現実を再度経験すること、いわば「再放送」もない。

要するに、現実には「ただ一つの流れ」とも呼ぶべき連続性があり、夢にはそのような連続性はないのだ。

したがって、例えば、次のように育てられた人間は現実を夢と区別できないだろう。すなわち、生まれた直後の赤ん坊を、睡眠中に毎回、まったく異なる環境に、場所も周りの人間も何もかもまったく違った環境に移動させる。しかも、前の環境とのつながりを意図的になくして、まったく不規則に彼を取り巻く外的環境を変える。念には念を入れて、一度経験させた同じ環境には二度と置かないことにしてもよい。仮にこの赤ん坊が一生をこのような変化の中で過ごしたとすれば、彼の現実には連続性がかけらもないことになる。つまり夢と同じである。

しかるに、実はこの極端な変化の例にあってさえ、決して変わらないものが世界に一つだけある。この赤ん坊自身の「身体」だ。

ユニークな物質

身体は物質だ。これは経験に即して明らかだ。それは純粋観念ではなく、五官で経験されうる「物」であり、したがって世俗的なものである。この点でそれは、この俗世、私を取り巻く外的物質的環境内のあらゆる物と、寸分違わず同じである。

しかし、先の例で考えれば、それはこの世俗的な経験世界の中で極めて特殊な位置を占めていることもわかる。どれほど頻繁に、どれほど不規則に、どれほど非連続的に私の環境が変化させられたとしても、私の身体は「常に同じもの」である。この意味でそれは、私の世界という現実の中で唯一連続している物質なのだ。

我々は昨晩寝た同じ身体と共に毎朝起きる。少なくとも現実の中では、「朝起きたら赤ん坊になっていた」とか「朝起きたら別人の身体だった」とか、まあそこまでゆかなくとも、「朝起きたら昨日負った大けががすっかり治っていた」という経験はない。夢の中ならこうしたことはいわば日常茶飯事なのだが、現実にはない。現実の私の身体は、昨日と同じ身体であるし、昨日した大けがは今日もそのまま消えずにある。

こうしたことは、五官によって、すなわち物質であるところの身体によって直接に経験され確認される。かように身体は、睡眠という自己意識の中断にもかかわらず（この点については次章の補節で論じる）、強固な連続性を保っていることは否定し難い経験的現実である。

であるならば、もし我々が雑多な夢とは異なる一つの現実を経験しているとすれば、それは我々が一つの身体を持っているという経験的事実に基盤を持っていると言いうるのではなかろうか？　物質的世俗的世界の中では、すなわちあくまで現世の経験に即すとすれば、この事実以外に基盤は存在しないのではなかろうか？　これは、言い換えれば、身体の一意性が夢とは異なる現実の現実性の基盤となっているということ、正確にはこの現世の中でそのような基盤たりうる物質は身体以外他にないということと、同義である。

事実、身体という物質は、物質の中でも極めて特殊な性質を持っている。既に見た強固な連続性自身もその一つであるし、さらにそれは「見ると同時に見られるもの」「触ると同時に触られるもの」でもある。つまり「感じると同時に感じられるもの」という不可思議な性質さえ持っている。右手を見る時、その右手自身は目に見られている。両手を合わせれば、右手は左手を感じると同時に左手に感じられる。各自の経験を吟味していただければわかる通り、このような物質はこの世界のどこにも、他には存在しない。私の身体は、物質で構成されたこの世界の中で唯一無二の物質であり、まさしく言葉の厳密な意味でユニークな（unique）物質なのだ。それはそもそも二や三がありえないという正確な意味においてユニーク、つまり唯一なのであり、他のものとの差異によって個性的なのではなく、ただただそのものそれ自身において唯一である存在なのである。それは、一定の類似性を持つ他のものを前提とする比較によってではなく、比較など原理的に不可能であるという意味において独立・孤立している。身体の持つこのユニークさ、すなわち一意性（ユニークネス）は、それがいわば主体（主観）と客体（客観）の間であり、純粋な物質であるというよりも、「物質であると同時に意識であり意識であると同時に物質である」ことに関連している。この最後の点についても次章の補節で詳論しよう。

　ひるがえって夢の中では、身体の一意性は保証されていない。先に触れた通り、ある夢の中で我々は子どもであり、別の夢の中で我々は老人であり、さらに別の夢の中で女性であり、男性であり、体形も様々で、行為する自分自身を背後から見るといったように身体を二つ持っていることさえ、夢の中ではしばしばである。

　こうしたことから、外的環境が変わってもそれ自体は決して変わらない一つの身体があり、身体のこのユニークなあり方によってこそ現実に一つの連続性が保証され、かくして夢と現実は理論的にも経験的にも区別されていると考えられるのである。

　もちろん、だからといって、夢と現実が自動的に明確な線を引いて区別できるとは限らない。誰しも経験しているであろうように、両者の混同はしばしば起こる。ただし、それは夢を現実と取り違えるのであり、現実を夢と取り違えるのではない。つまり、連続性が損なわれるのであり、複数の連続性が体験されるわけではない。この意味で、この場合でも現実の一意性は確保されているのだ。

　また、以上の論理では、現実なるものが「特殊な夢」であること、いつか「現実から覚める」可能性があることは否定できない。しかし、現実なるものが、身体の一意性に基づく連続性を持った特殊な夢として、他の夢から区別できれば本書での我々の目的には十分だ。というのも、この議論が「私の身体の一意性」という、万人にとって否定し難い経験的事実に立脚している以上、我々が目指すところ、すなわち現実の現実性を理論的かつ経験的に根拠付けることが、これを基盤とすることで可能となるからである。

第3章

ベルクソン：開展

1　意識、持続、自由

人間の意識は「物」ではない

エミール・デュルケーム（一八五八―一九一七）とほぼ同時期に生まれ、しかしずっと長く生きたが故にその先の歴史を見たユダヤ人アンリ・ベルクソン（一八五九―一九四一）。彼の思想の展開の全体は、我々の目には、経験対象・範囲の一貫した拡大・展開であるように見える。それも、デュルケームとは別の方向からの、しかし同じ到達点への接近であるように見える。それは、背負わざるをえなかった歴史的課題の違いに対応した、デュルケームとは異なるスタート地点からの運動、内から外への、内的現実から外的現実への精神の漸進的な運動であるように我々には見えるのだ。本章では、この過程を追いつつベルクソンの議論を検討してみよう。

学位論文にして最初の著書『意識に直接与えられたものについての試論』（1889：以下『意識試論』と略記）において、彼は内的意識経験の徹底的な探索をおこなう。対象となるのはまさしく意識に直接与えられたもの、すなわち自分自身の、私の感覚的な経験、可感的な経験である。デュルケームとは異なり、心理学と峻別された学問を創始確立しようとしているわけではないベルクソンは、何のためらいもなく、しかしやはり実証科学の立場を掲げつつ、自らの内的感覚経験に没入する。

> 現実（réalité）の諸相や諸機能のうちいかなるものが科学的に何かしら考慮されるべきで、また、いかなるものが実証科学の見地からしてなんら考慮されるべきでないのかを我々に語るのはひとり経験のみであろう。（Bergson 1889：113-114 ＝ 170：強調引用者）

そしてこの経験的探索の結果、意識の根底に、物理法則の絶対的決定性に従い空間に定位されるところの「物（chose）」から質的に区別される「持続（durée）」を発見する。それは、我々が日々生きているということそのものであり、継起的な意識的生そのものであり、また非決定的な時間的変化そのものである。

> まったく純粋な持続とは、我々の自我が黙々と生きるだけで、現在の状態と先行する諸状態との間に分離を設けるのを差し控える場合に、我々の意識状態の継起がまとう形態である。（*ibid.*：74-75 ＝ 115）

> 意識状態とは進展（progrès）であって物（choses）ではない……それは生きていて、生きている

が故に絶えず変化する。（*ibid.*：147 ＝ 216-217）

そして、物ならぬ進展として生き変化する自己意識、人格性を持った人間意識に、自由意志を、つまり物の理《ことわり》を超える、物質の持つ絶対的で決定的な法則性を超える「力」を、自発性を、「人間的自由（liberté humaine）」（*ibid.*：162 ＝ 236）を認める。

力（force）の観念は必然的決定（détermination nécessaire）の観念を排する……。我々は意識の証言によってのみ力を認識するのだが、意識は将来の行為の絶対的決定を肯定しないし、それを理解することさえない。つまり、これこそ経験が我々に教えてくれるすべてであって、もし我々が経験に踏み留まるならば、我々は自分を自由であると感じると語り、また理由の有無にかかわらず、力を一つの自由な自発性（une libre spontanéité）として知覚すると語るだろう。（*ibid.*：162-163 ＝ 236-237：強調引用者）

我々が自由であるのは、我々の行為（actes）が人格の全体から発出し、これらの行為が人格の全体を表現する場合……である。……一言で言うと、自我から、それも自我からのみ発出するすべての行為を自由な行為と呼ぶとするなら、我々の人格のしるしを帯びている行為は紛れもなく自

> 由な行為である。というのも、我々の自我のみがその行為の親権を要求できるはずだからだ。下された決断が有するある種の性格、要するに自由な行為のうちにのみ自由を求めることに同意するならば、自由を肯定する主張はこうして立証されることになろう。（*ibid.*：129-130 = 191-192）

だからこそ、

> 自我はそれが無媒介的に確証することについては無謬であって、そのような自我は自分は自由であると感じ、自分は自由であると宣言する（*ibid.*：137 = 203）

のであり、また、

> 自由に関しては、その解明を求めるどんな要請も、それと気付かぬうちに、「時間は空間によって十全に表されうるか」という問いに帰着してしまうのだ。これに対して我々はこう答える。流れ去った時間については諾だが、流れつつある時間については否である、と。しかるに、自由な行為が生じるのは流れつつある時間においてであって、流れ去った時間においてではない。したがって、自由は一つの事実であり、確認される数々の事実のうちでも最も明白な事実である。

（*ibid.*：166 = 241：強調引用者）

つまりベルクソンにとって人間の人格は、人間の意識は、本質的な意味において徹底的に「物」ではないのだ。それは、延長を持ち、空間内で相互に外在し、変化するといっても空間内の位置の移動でしかありえない、そして何よりも物理法則に縛られる、絶対的な決定性を持った「物」ではないのだ。それは、延長を持たず、常に刻々と質的に新たなものへと変化する進展であり、この意味で持続するもの、決定性を超えた、力を持った、自発的で自由な存在なのである。

> 外在性は空間を占める物に固有の性格であるが、それに対して、意識的事実（faits de conscience）は本質的には少しも互いに外在的ではない。（*ibid.*：73-74 = 114）

しかもこのような意識の自由な自発性は、内的経験によって紛う方なき明白な事実として、実証科学の見地から、確認されたのだ。

続く著作、副題を「身体の精神に対する関係についての試論」とする『物質と記憶』（1896）では、『意識試論』における純粋な内省から一歩外に出、「記憶」と共に、外的諸物の知覚そのものが取り扱われる。つまり、経験の領域が、純粋な内面、純然たる持続から、それ自身は物質であるところの身体とその表面へと広げられ、かくして意識は外的世界と接し、生命と物質が包括的に論じられる更なる著作を準備する。すなわち、かの『創造的進化』である。

2　生命一般と物質一般、生命の原理としての創造的自由

「意識は本質的に自由そのもの」

『創造的進化』（1907：以下『進化』と略記）における経験の対象は、生命一般と物質一般である。ここで自由はもはや人間の意識・精神の中に確認される事実に留まらず、生命そのものとして、生命の原理（principe vital, principe de la vie）として把握される。では、この「生命」とは何か？

生命の底には、物理力の持つ必然性にできる限り多くの不確定性（indétermination）を付け加えようとする努力がある。（Bergson 1907：116 = 145-146）

生命の役目は、物質に不確定性を挿入することにある。（*ibid.*：127＝158）

つまり生命とはまずもって、まったき「物（chose）」であるところの物質（matière）とはまったく別の、まったく正反対のもの、物の物理的な必然性を逃れ、絶対的決定性を逃れる力である。それ故それは、まさにそれ自身一種の「意識」とも言える。

生命、すなわち物質の只中を走らされている意識（*ibid.*：183＝219）

そして、

生命の進化は……意識のある大きな流れが……物質に浸入してきたかのようである。物質はこの流れに引きずられて有機組織になったが、流れの運動は物質によって無限に遅らせられながら無限に分岐された。（*ibid.*：182＝218）

かように有機体・生物は生命そのものからは区別される。そして生物とは、生命の非決定性と物質の決定性との格闘の場であり、生命の自由な自発性、すなわち創造性が、物質の必然性を乗り越えようとしている運動そのものとして捉えられる。このことは、以下の文章からも明らかであろう。

「生命」の秩序は本質的に創造である……生命は総体としては疑いもなく進化であり、すなわち絶えざる変容であろう。しかし生命（vie）が進行するためには生物（vivants）を仲介に立てて、これに生命を預かってもらう他はない。（*ibid.*：231-232＝274）

この地球上で進化する生命は物質に結び付けられている（attachée）。仮に生命が純粋意識……であったなら、それは純粋な創造活動になったであろう。事実は、生命は有機体に釘付けにされ（rivée）、有機体（organisme）は生命を自動性のない（inerte）物質の一般法則に従わせる。（*ibid.*：246＝291）

結局のところ、

意識は本質的に自由であり、自由そのもの（*ibid.*：270＝318）

なのだ。そして、

生命の起源は意識である。……意識……は花火の火矢であり、その燃えかすが消えて落ちると物質になる。そのほか火矢そのものの残った部分は意識のままでいて、それは燃えかすを貫きこれを照らして有機体とする。しかしこの意識とは創造の欲求(*exigence de création*)なのであるから、創造が可能な場合でないと自身に対して意識としては現れない。生命が自動仕掛けに押し込められている間、意識は眠っている。選択の可能性がよみがえるやいなや、それは目覚める。(*ibid.*：261-262＝309：強調原著者)

我々が生命の飛躍(*élan de vie*)というのは、要するに、創造の欲求のことである。(*ibid.*：252＝297：強調原著者)

かくしてもはや、生命たる意識は、物質とは判然と区別された「物」ならぬ意識は、生命と、自由と、創造性と同義なのだ。

精神性(spiritualité)とは、先へ先へといつも新しい創造へ進むもの、前提条件から計り知ることも前提条件との関係から決定することもできない結論へ向かって進むもの（*ibid.*：213 = 254）なのである。

世界の保証は「どこか」にはない

さてベルクソンは自らの経験に忠実に従い、この地点まで辿り着いた。おそらく既に察せられているように、この地点は「物としての社会的事実」から議論を始めたデュルケームの最終到達地点からさほど遠くはない。つまり、創造的沸騰による生の原理の議論に接近している。ただし、ここではまだ類似は皮相なものに留まっている。この時点では人間は、自由で創造的な意識性であるとして「物」とは区別され、その意味で明確に把握されてはいるものの、しかし各人が共に同じく人間であること、すなわち人間の同類性＝人類としての人間性は生命一般という概念に包摂されており、固有の意味での人間社会を構成してはいないのだから。

にもかかわらず既に、我々各人の人格＝魂について、デュルケームと似通った把握を見て取ることができる。

してみれば、魂は不断に創造されるもので、にもかかわらずある意味ではやはり先在していたこととなる。魂とは、生の大河が細流に分かれ、これらが人類の身体を流れて過ぎるものに他ならない。（*ibid.*：270＝318）

そしてまた、デュルケームの場合と同様に、神はその神秘性を――全面的にではないにせよ――剝ぎ取られる。

創造の観念を考える際、習慣的にそうしているように、また知性はそうせずにはいられないのだが、創造される諸物（des *choses* qui seraient créées）や創造する物（une *chose* qui crée）を立てるとすべては曖昧になってしまうのだ。……物などというものは存在しない。行為（actions）しか存在しないのだ。……一つの中心があって、諸々の世界は巨大な花火からの火矢のようにそこから噴き出す――ただし私がここで立てる中心とは物ではなく、噴出の連続のことだとする。神（Dieu）というものもこのように定義されてみると何一つ造ったわけではなく、絶えざる生（vie incessante）であり、行為であり自由なのである。創造もそのように解されれば神秘でなくなる。私たちは自由に活動するやいなや自分の中に創造を経験する（expérimenter）。（*ibid.*：249＝294-295：強調原著者）

すなわち、神は、世界を創造し世界を保証する源泉は、物ではなく、場所ではなく、変化する状態、連続した自由な生そのものとして把握される。そしてこの創造を私たちは私たちの内部に経験できる。世界の保証は「どこか」に、空間的な「場所」にある「物」ではない。それは、外的な権威ではない。それは、むしろ意識内的に経験される創造行為なのだ。

かくして、ベルクソンは予見する。

> ここに一つ恵み豊かな流れがあって私たちを潤し、私たちが働き生きる力そのものを汲む源になっている。私たちはこの生命の大洋に浸されつつそこから何かを不断に吸い込み、自分の存在、ないし少なくとも存在を導く知性は一種の局所的な凝固によってそこにできたものであることを感じている。哲学とはどう見ても全体の中にあらためて溶け込もうとする努力に他ならぬ。知性は自分の原理へ没入しながら自分の発生を逆向きに生き直すことであろう。……いつかは私たちの中に人間性を拡大し、その結果は人間性が人間性を超えるに至ることであろう。（*ibid.*：192-193 = 230-231：強調引用者）

3 経験の拡張、内的および外的経験

すべてが外在する客体なのではない

こうして経験の対象を、自身の意識の内からその外部へと順次広げつつ思想を展開してきたベルクソンは一九一二年――『原初形態』出版と同じ年――「魂と身体」と題した講演の中で次の言明に至る。

> 感覚（sens）に対して、意識に対して直接に与えられるあらゆるものは、外的な経験であれ内的な経験であれおよそ経験の対象（objet d'expérience, soit extérieure soit interne）であるあらゆるものは、現実的なもの（réel）として取り扱われねばならない。（Bergson 1912：35 = 47：強調引用者）

そうなのだ。語の本来の意味において sensible なもの、すなわち「感じられるもの」とは、我々の意識に与えられているもの、我々が「感じているもの」のことであり、そのすべてが外在する客体であるというわけではない——人格＝魂がそうであったように。「物として」の社会的事実が、自然物と同じ意味で可感的なはずはない。それらはあくまでその存在を、我々が我々自身の意識において「感じる」限りにおいて可感的なものなのである。

この意味で、可感的なものとは外的および内的に意識に与えられた経験の全体であり、したがってそれを「事実」と呼ぶのであれば、その現実性はそれを経験する主観的・主体的な（subjectif）意識にある以上、sensible かつ subjectif ということがありうるはずなのだ。いやむしろ、あらゆる現実は生命たる意識の経験である以上、これこそが objectif（客観的・対象的）ということそのものなのであり、科学の objectivité（「客観性」と訳すよりもむしろ「対象が現れること」）は本来まさしくここに存するのだ。つまり、通念とは異なり subjectivité と objectivité とは対立する概念ではないのだ。ベルクソンのこの言明は、これらのことを明確に主張しているのである。

かくして、デュルケームの実証社会学とベルクソンの実証哲学は、それぞれ外と内の異なる二つの経路から、共通の認識に到達する。感覚（sens）に与えられるもの、つまり可感的な（sensible）ものとは、（デュルケームが自らの出発点として実証性の基盤を求めた）意識外的に観察可能なものばかりではない。（同様にベルクソンが出発点として実証性の基盤を置いた）意識内的に経験可能な対象（客体 objet）もまた可感的なものであることが明言された。これらは共に現実的な経験対象として、現実性の下に一元的に把握されうるのだ。

デュルケームは、歴史的課題に応え一切の超越性・神秘性を排除し、可感性を「外的に観察可能」という意味で捉え、そこに科学としての社会学の「客観性（objectivité）」の保証を置いた。そしてその論理的帰結として社会的事実を「それを表象する意識主体から切り離して」「物として」外部から取り扱おうとしたが故に、社会学を心理学から完全に引き離してしまったが故に、意識主体内部に現れる「事実」を、確かにそれもまた可感的である「現実」を見失ってしまったのだ。その結果、せっかくトーテム原理に到達し、人格性の根源を魂にまで掘り下げたにもかかわらず、それをあくまで「社会」に還元せざるをえなかった——無論先に見た通り、この時点で実質的にはこの内的現実を認めていたのだが。ただ、彼にはそれを明言し深化させる歴史的現実が与えられていなかった。

他方、ベルクソンにあっては、当時彼を取り巻いていた外的な社会的歴史的状況は見事に無視されていた。この無関心は不可思議なほど徹底しており、後年の、とりわけ第一次大戦の最中および以後の極めて積極的な現実政治への参与などまったく想像もできない（例えば一九一七—一八年の特派使節としてのアメリカ派遣。孤高の大統領ウィルソンの胸襟を開き説得しうる数少ない人物として特に選ばれ、合衆国参戦のため力を尽くした。戦後は国際連盟国際知的協力委員会議長を務め上げた）。実際、自身ユダヤ人であり、デュルケーム同様の強い関心を否応なく持たされてもまったく当然と思われる、あのドレフュス事件に際してさえまったく何の発言も残していないのだ——後世の研究者が不可解さと共に「ドレフュス事件の沈黙（silences de l'affaire Dreyfus）」（Soulez & Worms 2002）と呼ぶほどに。しかし実際にベルクソンは、可感的な内的事物の直接経験から探究を始め、対象を意識外部へと徐々に拡大し、結果デュルケームと同じ年ほぼ同じ地点に辿り着いた。これはむしろ、外的政治社会状況に徹底して無関心だったが故、内的で個性的・独創的な思索を続けたが故の結果だったように思われる。

いずれにせよ、歴史のこの時点でベルクソンによって明示された科学のあり方は、デュルケームとは別の経路による外的現実への経験に基づく実証的な接近の結果であり、この意味でそれは、デュルケームが歴史的背景から、そしてその早過ぎる死によって遂に言明はできなかった、しかしまさしく彼の社会学的実証主義の明瞭な定式化であり全面的な開花であるとさえ言いえよう。

さて続いて、デュルケームよりも長く生きたベルクソンは第一次大戦とその戦後を体験し、この激動の歴史の渦中で、次段階の議論を展開することになる。それは以下に見る通り、フランス第三共和制自体の大きな変質であり、新たな歴史的課題の登場であり、新たな社会理論の誕生過程でもあったのだ。[1]

4　第三共和制の変質

共和制の一部となったカトリシズム

一九一四年八月三日ドイツはフランスに宣戦を布告する。これに対し翌四日第三共和制大統領ポワンカレは、フランス内部の対立・抗争を一時棚上げにし、祖国防衛のための挙国一致体制を作ることを呼びかける。いわゆる「ユニオン・サクレ（Union Sacrée 神聖同盟）」である。この呼びかけは実際に成功し、ユニオン・サクレは実効あるものとして成立する。そして、カトリック勢力（王党派）もこれに加わり、戦時中四百人近くもの聖職者を従軍司祭として前線に積極的に派遣すると共に二万五千人にのぼる聖職関係者を兵士として提供したのである。（柴田ほか 1996：218）

一九一八年十一月十一日ドイツが降伏し、翌年六月二十八日ヴェルサイユ条約締結によって講和が成立すると、フランスでは戦後の覇権を狙って再び国内の対立が表面化する。そして一九一九年十一月十六日の下院選挙において、共和右派の連合である「ブロック・ナショナル（Bloc National 国民団結）」が圧勝すると、以後、急進共和派が一時的に力を得た一九二四―二五年を除き、一九三二年までずっと共和右派の全面的な支配体制が維持されることとなるのである。（柴田ほか 1996：254-256、

中木 1975：中 12-13)

さて、それまでの第三共和制の諸政権と比較した場合、このブロック・ナショナル政権の特徴として、対カトリシズム政策の変化が挙げられよう。つまり、ユニオン・サクレで協力関係を築いたカトリック勢力に対し、共和右派は反教権主義や政教分離政策・世俗化政策の緩和をもって報いたのだ。一九二〇年ジャンヌ・ダルクが列聖（教皇庁から聖人として認められること）されると、共和制は五月第二日曜日をジャンヌ記念の国祭日と定めた。ヴェルサイユ条約に従ってフランスに復帰したアルザス・ロレーヌ地方では一八〇一年のコンコルダート（政教協約）体制が容認された（これは、聖職者へ国家から俸給が支給されること、修道会系の学校の存続が許されたことなどを意味する）。さらに教皇庁との関係も改善され、司教任命にあたって教皇がフランス政府の意向を尋ねるようにさえなった。（柴田ほか 1996：255-259）

かくして、デュルケームの死後、その成立初期とは異なり、第三共和制にとってカトリシズム（王党派）はもはや体制を揺るがす天敵ではなくなったのだ。それは戦時下で取り込まれ、その後懐柔された。それは理念的には相変わらず共和制の対極であっても、現実には共和制の一部を成していた。つまり、知的世界でも同じことが起きる下地ができたのである。

まさにこうして、大戦中一九一七年にこの世を去ったデュルケームとは異なり、一九四一年までこの世に留まったベルクソンは、この弛緩した反教権主義・世俗政策という、デュルケームが生き続けていたならば実現したかもしれない同様の構想を現実化する社会的な場を歴史的に与えられたのである。この恵まれた歴史的環境の中でベルクソンは後に、第三共和制自体を、本来的には宗教的（カトリシズム的）でありえたものと位置付けさえしている。「第三共和制にしても、一部右派の人間の過ちさえなければ……反宗教という不幸な方向へ歪曲されることもなく、確かに違った方向を取ったことだろう」（Chevalier 1959 : 194 = 218-219 : 文章はシュヴァリエによる要約。強調引用者）。

　こうしてベルクソンは、デュルケームの時代とは異なり、世俗的な「物」に縛られず、またそのような「物」を拒否するわけでもなく、超越性と世俗性を経験の下に真正面から検討し統合しうる時代を得た。この有利な場で、自らの主体的な問題関心に従い、ベルクソンはカトリック神秘家の経験を通じて超越へと接近してゆく――ただし外的および内的な経験に立脚した実証主義的な立場を決して崩さずに。それは、以下我々が見る通り、デュルケームがその命の短さ故に、いやそれ以上に彼の背負った歴史的現実によって達成できなかった、がしかし彼の理論に胚種のように含まれていた可能性を、いわば「生の社会学」への可能性を展開するものであった[2]。

　では、彼は結局どこに到達したのか。フランス史の流れと共にトクヴィル、デュルケームと追ってきたこの議論の終着点を、ベルクソンと共に以下探ってみることにしよう。

5 社会、人類、愛

絶対的超越性の一歩手前

『意識試論』では、あくまで経験に即して、ひたすら内省していた。『物質と記憶』ではそこから一歩外に出て、身体とその知覚が論じられた。『進化』ではさらに対象は広げられ、生命一般と物質一般が包含された。そして、『進化』から実に二十五年後に出版されたベルクソン最後の主著『道徳と宗教の二源泉』（1932：以下『二源泉』と略記）では、遂に「社会」が、正面から扱われる。

誤りは、道徳的な抑圧（pression）にせよ道徳的な憧憬（aspiration）にせよ、それらが単なる一事実（un simple fait）と看做された社会的生（la vie sociale）の内部で最終的に説明のつくものだと信ずるところにあろう。人は好んで、社会は存在している、よって社会は必然的にその成員に拘束を加える、こうした拘束が義務である、と言う。しかし、社会が存在するためには、まず最初に、個人がその生得的素質の総体をすべて持ち込む、ということがなければならない。それ故に、社会はそれ自身では説明されないのだ。したがって、社会に由来するものの下を掘り下げて、生（la vie）にまで達さねばならない。人間社会は、人類と同様に生の発現でしかないのだから。……もし社会が自己充足的であるならば、それは至高の権威である。しかし、もし社会が生の限定の一つでしかないならば、生は……特権的な個性に新たな推進力を伝え、こうした個性は社会がさらに前進するのを助けるために再び生の中に浸されるのだということがわかる。ここで生の原理そのもの（principe même de la vie）にまで突進しなければならないことは確かである。

（Bergson 1932：102-103 ＝ 122-123：強調引用者）

もはや社会とは、その成員を拘束し義務を課すものでは、すなわち『規準』でデュルケームがその輪郭を明確に描き出し対象化（客体化、客観化）したような「社会」ではない。そのような意味での社会の自己完結性・自己充足性ははっきりと否定される。「客観的な社会」とは、より根源的な事実である生の一つの「現れ」、生の限定の一つでしかない。このような「社会」は、したがってそれ自身では理解し尽くすことはできない。逆に言えば、デュルケームが試みたように、すべてを「社会」に帰着させる必要はもはやないのだ。

この新たな社会認識を持って、ベルクソンは、この「特権的な個性」と共に、社会の根底である「生の原理そのもの」へと突進する。彼にとってそれは、神秘主義——デュルケームが社会学から完全に排除しようとあれほどまでに否定した神秘主義——への道であった。彼はそれを狂気や病理から明確に区別し、実証科学的に取り扱う。彼は特権的な魂たるカトリック神秘家――聖パウロ、聖テレザ、聖フランチェスコ、そしてジャンヌ・ダルクら――による、外的な知覚による観察は不可能であるが、しかし明晰で相互に一致した内的で直接的な体験の報告・証言を与件としてそこに赴く。そして言う。

> 神秘主義の帰着点は、生の顕示する創造的努力との接触の獲得であり、したがって、この努力との部分的合一である。この努力は、神そのものではないにせよ、神のものである。偉大な神秘家とは、その物質性によって種に定められている限界を飛び越え、かくして神的活動を続け、それを発展させる個性のことであろう。（*ibid.*：233 = 269）

> こうした魂の持ち主は、社会に一身を捧げるだろう。だが、この場合の社会とは、人間性全体(l'humanité entière) の原理であるものへの愛の中で愛された人間性全体であろう。……目的（対象 objet）は、物質的にはもはや労苦に値しなくなり、道徳的にはあまりにも高い意義を持つようになるだろう。今や生一般への愛着は、個々の物からの離脱に他ならなくなるだろう。
> （*ibid.*：225 = 259：強調引用者）

神秘家たちが神的ということによって意味しているのは……あらゆる想像を超える、創造し愛するという能力であることは明らかである。（*ibid.*：279 ＝ 321：強調引用者）

かくしてベルクソンにおいて、変化した歴史状況の中で、社会についての実証科学は、生というある種の超越性に到達した。内的外的に可感的な経験に基づく実証的科学的な手続きによって。すなわち、デュルケームの実証科学の拡張によって。というよりも、もし歴史的な制約なくして論理内在的に展開されていたならばデュルケーム社会学自身がなっていたであろう可感的な与件に基づく実証科学によって。[3]

だがしかし、それにしても、「カトリック神秘主義」である。これでは宗教そのもの、カトリシズムそのものではないのか？　これはもはや信仰ではないのか？　確かに実証科学から信仰へあと一歩のところにいるように見えることは否めない。しかし、仮に万物の存在そのものの理由というような、いわば絶対的超越性にぎりぎりのところにまで接近しているとしても、ベルクソンのこの議論の立ち位置はそこにはないはずだ。何となれば、そこに立脚するのであれば社会をそれとして論ずる必要などなく、文字通りすべてを神の絶対性と解すればよいのだから。あらためて社会を論じずとも、単にカトリシズムの教えとして既にこの世に存在するのだから。また世界の正解はカトリシズムに入信しその立場を語ればよいだけのことだ。しかし、伝記的事実としても、度重なる友人の勧めにもかかわらず、また信頼する神父らを通じてカトリシズムに心からの共感を抱きつつも、ベルクソンは最終的に入信・洗礼を思い留まったのだ。[4]

つまり、彼の社会論の主眼はむしろ、そのような絶対的神秘性・絶対的超越性にではなく、いわばその一歩手前、我々が不可思議にも共に生きる社会を成していることそのものにあったのではなかろうか。その証拠に、彼は神秘主義を議論した直後、具体的な社会のあり方を論ずる。それは民主主義であった。

人類(l'humanité)は、ずっと後になって初めて民主主義に到達したことがわかる(なぜなら、奴隷制度の上に建設され、こうした根本的不正によって最も大きくまた最も憂慮すべき諸問題から免れていた古代の都市国家は、偽の民主主義だったからである)。実際、民主主義は、あらゆる政治的構想のうち、自然から最もかけ離れたものであり、「閉じた社会」の諸条件を少なくとも志向的に超越する唯一の構想である。それは人間に不可侵の諸権利を賦与する。……それは、自由を宣言し平等を要求する。そして、この敵対した二人の姉妹を……同胞愛(fraternité)をすべての上に置くことによって和解させる。こうした角度から共和主義の標語を考察すれば、前二者[=自由と平等]の間のあれほどしばしば指摘された矛盾は、この第三の観念[=同胞愛]によって止揚されるものであり、同胞愛こそが本質であるとわかるだろう。したがって、民主主義は福音書的本質（essence évangélique）のものであり、愛を原動力としている、と言うことができよう。……民主主義の定式の曖昧さから引き出された反論は、民主主義元来の宗教的性質（caractère originellement religieux）が見落とされたことに由来している。……民主主義は、単に一つの理想である、というよりもむしろ、人類の進むべき一つの方向だと看做されねばならない。（*ibid.*：299-301 = 345-347）

「開いた社会」としての民主主義――社会の拡張

まずもって指摘すべきは、「『閉じた社会』の諸条件を少なくとも志向的に超越する唯、一、の、構想」とある通り、ベルクソンにとって民主主義は、他の政体とは本質的に異なる、ある特殊な社会体制であると考えられていることである。

彼にとってそれは、いわゆる「閉じた社会（société close）」ではない。閉じた社会とは、「他の人々に対しては無関心なその成員たちが、常に攻撃または防衛に備えて、つまり、戦闘態勢をとらざるをえないようになって互いに支え合っているような社会のことである」（*ibid.*：283 = 327）。それは、蟻や蜂の社会に譬えられ、家族や国家に象徴される社会である。すなわち、有機体としての人間に生得的な存在様式であり、その意味において自然的であり、本能的である。その広がりは成員の内に限られており、したがって有限を志向し、この与えられた範囲の安定維持を目的とする不動で静的な社会である。そこで人は自発性を欠く「部品」となり、程度の差はあれ「物」と看做される。

しかし民主主義は、ベルクソンにとって、このような「閉じた社会」の超越を志向する唯一の社会体制である。それは「開いた社会（société ouverte）」を志向するものである。

「開いた社会とは、原則として人類全体（l'humanité entière）を包含する社会のことである」（*ibid.*：284 = 328）。それは、人間の有機的自然の超越を目指す、その意味で脱自然的な努力そのもの、一社会の成員という限界を超え、人類という無限に向かって開かれた創造的な運動そのものである。それは、超越性に対して開かれた社会、すなわち「超越性を含んだ生の世界の全体」である。

だからこそ彼は言うのだ。

> 閉じたもの（le clos）から開いたもの（l'ouvert）への移行が、キリスト教のおかげであったことは、疑わしいとは思えない。こうした移行は、［古代ギリシャのそれのような］純粋哲学によって遂行されえただろうか？　……確かに人間のイデアを超感覚的イデア（les Idées suprasensibles）の中に含めているプラトンは別としよう——その考え方からは、すべての人間は同じ本質のものだ、という結論が出てこなかったか。そこから、すべての人々は、人間であるかぎり同等な価値を有し、その本質が共通である以上は同じ基本的権利を持つ、とする思想に至るには、ただの一歩でしかなかった。しかし、この一歩が超えられなかった。［そのためには］……ギリシャ思想

を放棄し、奴隷制度を非とせねばならなかっただろう。……偉大なストア派の誰一人として……自由人と奴隷との間の、ローマ市民と野蛮人との間の、垣根を低くすることが可能だとは考えなかった。……諸権利の平等と人格の不可侵性を含む普遍的同胞愛(fraternité universelle)の観念が有効なものとなるためには、キリスト教の到来まで待たねばならなかった。(*ibid.*: 77-78 = 94-95: 強調引用者)

かくして、ベルクソンにとってもまた、民主主義の基盤を成す人格の平等性という人間的根底は、世俗内に留まるものではない。トクヴィルの民主主義論がそうであったのと同じく、それはある種の超越性に基礎付けられている。この観点からすれば、民主主義は国家の単なるあり方、単なる具体的政体ではない。それは狭義の社会のあり方、すなわち世俗社会の形態でさえない。それは具体的で現実的な人間たちの生存の様式であるが、同時にそれは社会的連帯ではなく人類的同胞愛であり、超越性に支えられた人類の全体そのもの、人間が人間であるということそのものである。換言すれば、民主主義という人類のあり方は、世俗的な意味での社会に限られるものではなく、超越性を含む「人間全体/世界全体」に属すものである。にもかかわらず、いやこの意味においてこそそれは、現世に生きる人間たちのありうる現実そのものである。

しかし、である。『アメリカのデモクラシー』本論の大半がそうであるように、民主主義論は、神の世界ではなくあくまで人の世界に関する、人々の共存の仕方に関する、その意味においてまったき「社会」を中心的な対象とする議論だ。であるならば、「民主主義元来の宗教的性質」とは、民主主義がカトリシズムの一バージョンであるという意味ではありえない。そうではなく、それは徹頭徹尾世俗的な社会の構成形態と通常考えられる民主主義の中に、実は超越的性質が本質的に備わっているという意味ではなかろうか。そしてこの超越的性質とは、同胞愛、すなわち我々がなぜか共に同じ人間であり、そのようなものとして共に生きているという現実そのもののことなのではなかろうか。

いずれにせよ、社会概念は拡張された。それは狭義の社会から、すなわち物としての社会から、その見失われた外部へと、すなわち我々が生きている世界の全体へと膨張を始めた。社会とはもはや、個人に外在し個人を拘束する社会的事実の全体ではなく、またそれがすべてであることに由来する至高の権威をもった抑圧的義務的な統合体でもない。それは「人間性全体の原理であるものへの愛の中で愛された人間性全体」、すなわち人間性を持つ存在としての人間の統合体であり、しかも拘束・義務による統合ではなく、人間性の原理そのものへの愛において愛し合う存在の全体としての統合である。つまり、「社会的連帯（solidarité sociale）」（*ibid.*：56＝70）ではなく、「人間的同胞愛（fraternité humaine）」（*ibid.*）による統合である。「ここでは人は、もはや抑圧にではなく、魅力に屈する」（*ibid.*：46＝60-61）のだ。

このような人間性は、それが生の原理である以上、生きているという現実である以上、特権的な個性たる神秘家たち、「神の道具」（*ibid.*：250-251 = 289）である彼らに特殊に限られたものではない。ベルクソンは言う。

> 偉大な神秘家の……言葉が、我々各人の心の内に反響を見出すのは、ただ目を覚ます機会を待っているだけの眠れる神秘家が我々の内部にいるからではないだろうか。（*ibid.*：102 = 122：強調引用者）

> もし神秘家たちが唯一不可分の愛の中に人間性全体を包容するために存在していたのでなかったならば、哲学者たち自身にしても、すべての人間はある優れた本質（une essence supérieure）に等しくあずかっているなどという、日常経験とほとんど合致しない原理をこのような確信を持って措定しただろうか。（*ibid.*：247-248 = 285-286：強調引用者）

つまり、日常的には現れ難いがしかし内的経験には反響としてかすかに現れ、その潜在を垣間見させる、まさしく人間たる限り普遍的である本質としての人間性が万人に存しているのだ。というよりも、それが人間の定義、人間の「いわれ」なのだ。

しかしこのベルクソンの言う愛は、なお、その意味するところが必ずしも明確ではない。もちろん、それをカトリシズムにおける神の愛と同一視してしまえば、ベルクソン自身による説明がなくとも了解可能ではある。だが、それならばなぜ彼はこのような論を展開したのか。彼は『二源泉』がカトリック教会との対立を惹起することを懸念していたし、事実この書を禁書目録に入れるカトリック側の動きさえあったのだ（『進化』は実際に目録に入れられた）[5]。そうでなくとも、あくまで経験に即してきたベルクソンが、急にそのような絶対的超越性に訴えたとすれば、それはあまりに不自然ではないだろうか？

終章において、この謎を解明しつつ、かようにして生み出された「社会」の構造を明らかにしよう。

補節　自己意識のユニークネス――〈私〉の持続と身体という物質

意識と物質はどのようにつながっているのか

終章に進む前に、本章の内容、とりわけベルクソンの持続概念を踏まえて、〈私〉という自己意識について、ここで再び補足的だが現実的で身近な経験に即した議論を加えておこう。

前章の補節で見た通り、自らの身体はこの経験世界の中でまったくユニークな位置を占めている。それは物質である。しかしそれは、他の物質とは質的にまったく異なる。それは強固な連続性・同一性を持ち、かつ主客の間に存するものである。それは、この世界の他のすべての物質と異なり、無媒介に動かしうる。対して他のあらゆる物質は念じても動かない。左手を持ち上げようと思えば、右手で持ち上げずとも、つまり無媒介に直接に持ち上がる。しかし、同じ自分の左手でも、それが事故などで切断され身体の一部を構成しなくなった瞬間に右手で持ち上げねば動かなくなることとの鮮やかな対照を考えれば、このユニークさはよく理解されよう。一言で言って、身体とは「意識を持つ物質」なのだ。[6]

では、身体において意識と物質はどのようにつながっているのか？　前章補節での議論に対する、ありうる反論から考えてみよう。おそらく次の反論が第一に挙げられるだろう。

「私は生まれてこの方、少なくとももの心ごころついて以来ずっと連続して、私自身で『私は私』だと思い続けてきたのではないか？　身体などなくとも、私がこれまで過ごしてきた生活のエピソード、つまり記憶だけで、つまりは精神・意識だけでこの自己意識を構成・維持できるのではないか？」

そう、自己意識はそう思うのだ。しかし、経験に即して言えば、この〈私〉は明らかに連続していない。気絶や睡眠（自己意識の体験としては正確には入眠と覚醒）で中断されている。自己意識の自覚する連続性は、実はいわば破線であり、不連続である。目覚めている時の諸経験は、いわば断片に過ぎない。

そして、このような断片、換言すれば（身体なしの）純粋な記憶エピソードだけでは〈私〉の連続性、そして世界の一意性を保てないのだ。睡眠による断絶[7]が不可避である人間の生において、睡眠の前後のそれぞれの記憶が連続したものであること、すなわちすべて他ならぬ〈ただこの私〉の体験の記憶であることは、それらの記憶だけでは、つまり物質性なしでは、根拠付けられない。それは連続性を持つ物質に支えられねばならないのではないか？

外的物質的環境が、この連続性を支える役割を担いえないことは明白である。我々は一生不変の同じ環境で生活するわけではないのだから。しかもたとえ空間的に移動せずとも、外的環境はしばしば大きく変化する。私に経験される諸物のうちで、私の一生の始めから終わりまで常に経験され続ける物質とは、私の生涯の全期間にわたって中断なく連続的に変化が与えられる物質とは、外的環境がどれほど変わろうともこの意味において同一の物質とは、ただ「私の身体」のみである。

たしかに、各記憶エピソードはばらばらでありうるし、実際、睡眠のためにそうである。にもかかわらずそれらを連続させ、〈この私〉の、そして現実世界の一意性の根拠たりうるものは、物質と意識（記憶）の結節点・混合物としての身体であり、また身体だけなのだ。この関係性は、日記を例にして次のように考えるとわかりやすいだろう。

私が一日の出来事の記憶エピソードを日記に毎日書き続ける時、異なる日付を付された日々の記述内容が、全体として一続きの、一人の人間の経験内容の記録であること、すなわち他ならぬ「私の日記」であることを示しているものは何か？　それは、毎日の日記記述がただ一つの他ならぬ特定の日記帳（という物質的存在）に書かれているということ、つまりすべてのページが――各記述内容はそれぞれ独立した記述として読みうるにもかかわらず――「一冊の日記帳として綴じられている」という事実なのだ。この日記帳こそ、身体なのだ。

したがって例えば、前章補節で例に挙げた、睡眠ごとに異なる環境に移動させられる赤ん坊が、その身体も毎回不規則に変えられていたとしたら（時に赤ん坊のまま、次の日は老人、次の日は少年、次の日は少女など。古典的な言い方をすれば、その魂が宿る肉体が毎回不規則に違っていたら）、自分と世界の連続性・一意性は構成できないだろう。たとえ仮に外的環境が同じだったとしても、背の高さによって見える視点が異なるなど、感覚経験が必然的に異なるからだ。この状態は、毎日寝ても覚めても夢を見ているのと変わらないだろう。自分という意識も持てずに。なぜならそもそも自己意識の持つ自分の体験エピソード、記憶エピソードは連続していないのだから。それら断片の各々をつなぐものを失えば、いうまでもなくそれは連続しない。すなわちそこに一つの主体たる〈私〉はない。

ということはつまり、肉体を持たない自己意識・自我・魂はありえないということだ。無論、集合的な意識ないしは未分化の魂といったものについては、ここでは何とも言えない。しかし少なくとも我々の「個」性は、身体の個別性が根拠となっているのだ。

百歩譲って身体なき精神の存在を認めたとしても、それは連続性のない、諸々の夢を次々に見ているような状態にしかなりようがない。そこには歴史が存在しえない。つまり「私の人生」が存在しえない。そこに〈私〉は存在しえない。

当たり前でない当たり前のこと

以上の議論に対しては反論が、というよりも「居心地の悪さ」が指摘されるかもしれない。確かに、身体という物質が自己意識と現実の連続性を、そしてそれらの一意性を保証しているという主張は、そこから得られる論理がいかに妥当であろうとも結局のところ「世俗世界内に他にそのようなものは見当たらない」という、否定的な形式で記述される経験に立脚している。これでは、肯定的な形式（「何々が実際そこにある」）によって根拠付けられるような、高い確実性を持った論理とは思えないかもしれない。見落とした経験があるかもしれないし、そもそも世俗世界内の経験に限る必要はないかもしれない。何より、一見正しそうに見え矛盾点や難点を即座には指摘できないものの、何となく不安定な、詭弁的な雰囲気がぬぐい難く感じられるかもしれない。

しかし、である。社会に関する、そして人間の生に関する科学は、単に論理的に正しいだけでなく、経験される現実にその基盤を持っていなければならない。社会や人間の生についてのありうる複数の論理のうち、その正しさ、現実妥当性を主張できるものは、経験的事実が根拠でなければならないのだ。そうでなければそれは経験科学とは呼びえない。そして、我々の議論は、すべて経験に基づいているが故に、基本的には反論の余地のないものであるように我々には感じられるのだ。

もしそうでないというのなら、あなた自身の経験に尋ねてみるとよい。あなたは二つの異なる身体を同時に持っているのか？　また、あなたは毎朝年齢や性別の異なる身体に目覚めているのか？　また逆に、あなたの夢は生まれた時からずっと、一つの連続ドラマであるのか？

次のような反論もあるだろう。「バスや列車で移動中に寝てしまっても、目的地に着けば、寝ている間に連続的に移動したとわかる。故に自己意識の連続性は睡眠中も保たれているはずである。故に上記の議論は成り立たない」と。

しかし、そうではないのだ。それが証拠に、この場合移動中どのような経路を辿ったかはまったくわからない。もっと極端な場合、熟睡中に拉致され見知らぬ場所に全裸で監禁されたとしたら、睡眠の前後で確実に連続的なものは私の身体しかない。どのような経路でどの程度の時間をかけて移動させられたかなど、まったく経験の範囲外である。つまり外的環境は連続性を保証できない。ただそれは身体の連続性からのアナロジーとしてのみ「推測」される連続性を示すことしかできない。身体も外的環境も物質である以上これは無理なアナロジーではないが、だとしても、連続性の「根拠」にはならないのだ。アナロジーなのだから。

時に、自己意識・心・精神といったものは実在しないと言われる。いやむしろ、「科学」的にはそれが常識かもしれない。しかるに、我々は日々それを否が応でも経験してはいないか？　この経験を否定して「それらは幻想だ」と言ってみたところで、この主張自体を意識的に言っているという経験は否定できないだろう。自己意識・心・精神または自我、何と呼ぼうがこうしたものは、論証以前に、明らかに経験に与えられているとしか言いようがない。しかし、こうしたものは五官で感知できないことも事実である。一体、心はあるのかないのか？

自己意識・心・精神の実在とは、我々のこれまでの議論を踏まえて考えれば、要するに、身体を離れてそうしたものは構成できないという、ごく常識的なことを言っているのではないだろうか？

自分の心・自分という意識経験は、確かだ。しかし他方、単体の、輪郭の明確な、物としての心は存在しえない。そのようなものは、確かに幻想だ。と同時に、この意味では、身体もまた実在しないのだ、自己意識を離れては。自己意識なき身体はあるとすれば純粋に単なる物質であり、そもそも自己意識がなければ自分の身体なるものもありえない。

結局、これだけのことではある。単純で、当たり前のことだ。それは「科学」という一つの「系」――それは実のところ「一つの価値関心」でもあるのだが――を用いる以前から日々経験されている、常識的な事実である。しかし、この単純な経験的事実を論理的に説明するのは、この通り、一筋縄ではいかない。当たり前の現実の当たり前さは、当たり前ではないのだ。

結論的に言えば、かようにして「私の身体」とは、精神と物質の間というよりも、正確にはその両方であり、この二者が経験的のみならず原理的にも不可分の、あえて言えば一つのものであることを端的に示し続けるユニークな「もの」なのである。そして、この身体のユニークネス、つまりユニークネスこそが現実の一意性（ユニークネス）を支え、〈私〉のユニークネス（私が私一人であること）を支えているのだ。私も現実も、「他の私」や「他の現実」との差異によって一意的＝ユニークなのではない。「私以外の私」や「現実以外の現実」は経験にない。「私」も「現実」も原理的に代替不能だ。これは、「私の身体」が空間的にも時間的にも、他のいかなる意味においても事実「他にない」が故なのである。

物は歴史を持たない

さて、これまでは、外的環境が変わっても身体は変わらない＝同一であるとして議論を進めてきた。しかし、厳密に言えば、身体は不変ではない。それは不断に成長している。つまりそれは単に変化しているのではなく、いわば一定方向に向かって連続的に変化している。昨日のけがは、今日にはほんの少しだけ治っているのだ。[8]

経験的に明らかなこの変化は、しかし、これまでの我々の議論を覆すのではなく、かえってその意味を深化させるものである。

というのも、一定の方向に不可逆的に連続的に経過しているということ、要するに絶えず成長し年をとってゆくということ、これこそが我々の現実的生のあり方そのものであり、身体のこの性質はそれを説明してくれるものであるからだ。

実際、仮に純粋に精神だけを取り出してみれば、真に集中し外界がそれとして対象化されていない状態で経験される通り、それは「経過」しない。熟慮し意識が集中している時には経過そのものが微塵も感じられず「えっ、もうこんな時間？」と「我に返って」気が付くという経験は誰しも持っていよう。逆に、特にすることもなく退屈な時など、散漫に外界を眺めているような意識状態では時間ののろのろとした経過を実感する時もあろう。物質に基礎付けられていない、その意味で純粋な精神は一方向に流れる時間を持たないと言ってもよい。精神は、真に沈思黙考する時、自らの意味内容を一挙に把握する。

精神が物質ではない以上、これは当然と言えば当然である。それは空間内に「展開」される「物」でもなければ、時と共に劣化するような「物」でもない、要するに「拡がらない」「延びない」のだから、「流れる時間」のような「長さのある」性質を持っているはずはない。このような精神が「経過」を意識するのは、したがって、それが外的物質世界と接する時である。しかし、（身体を除く）外的物質世界は、経験に対しては必ずしも連続的ではない。それは睡眠その他の意識消失に伴って不連続に変化しうる。

つまり、我々が経験している時間、我々がそれを生きている時間は、ここでもまた身体が支えているのだ。外的物質的環境が変化しても同一の、正確には同一方向への連続的変化しかしない、ユニークな物質である身体こそが。この意味で、身体こそ、人間の生にとっての時間、「流れる時間」の保証であり、私という自己意識が現にそのようにあることの、すなわちそれが時間の経過を意識する一つの流れであることの、基盤となっているのである。そうでなければ、物質によって構成されているこの世界にあって我々は、「一生」を送ってはいないだろう。

既に我々は「現実には『ただ一つの流れ』とも呼ぶべき連続性があ」ることを確認した。[9] この表現が指し示すもう一つの意味がここで理解されよう。すなわち、現実は、単に連続しているのみならず、分岐も逆流もない川のごとく、ただ一つの方向性を持った流れなのだ。

換言すれば、自己意識を持って我々が生きている現実は、この意味においてこそ「持続」しているのだ。ベルクソンの言葉を再掲しよう。

> 意識状態とは進展であって物ではない……それは生きていて、生きているが故に絶えず変化する。（Bergson 1889：147 = 216-217）

> まったく純粋な持続とは、我々の自我が黙々と生きるだけで、現在の状態と先行する諸状態との間に分離を設けるのを差し控える場合に、我々の意識状態の継起がまとう形態である。（*ibid.*：74-75 = 115：強調引用者）

> 自由な行為が生じるのは流れつつある時間においてであって……自由は一つの事実であり、確認される数々の事実のうちでも最も明白な事実である。（*ibid.*：166 = 241：強調引用者）

次いで直ちに了解されよう。既に論じた通り現実と自己意識は不可分であるが故に「身体の成長」というこれまた「ただ一つの流れ」は、自己意識が生きる基盤になっているのみならず、現実の現実性の根底ともなっているのだ。経験される現実がただ一つであり、かつその現実は時間の経過と共に一方向に、不可逆的に変化するという現実性の。

「私の身体」とは、考えてみれば本当に不思議な物質なのだ。身体が物質であることは明らかなのだが、しかし〈私〉の経験を反省し吟味すればわかる通り、この物質は、一方向へと連続的に変化することが観察される唯一の物質なのだ。それ以外の物質はすべて、不連続に観察され、変化するのみである。

身体以外の単なる物質は、ある形態で・ある場所にある。しかしそれはいつであってもよいのだ。いつ・どこに・どのようにあろうとも、その物はその物であり、ある場所にあるAという物質と他の場所にある同じAという物質の間を連続的につなぐものはない。単なる物質は、常に「現在そこにそのようにある」だけだ。それは過去も未来も持たない。

例えば、砂粒が風に吹かれて一メートル移動した後、今度は逆方向の風に吹かれてまた一メートル移動し、元の位置に戻ったとしよう。この移動・この変化には、意識を持った観察者が見ていなければ、つまり砂や風という物質的な自然現象だけの中には、連続する前後関係が存在しえないことがご理解いただけるだろうか？　それが証拠に、今目の前にある砂粒をいくら凝視しても、それが一メートル移動する以前の砂粒なのか、一メートル移動後の砂粒なのかは判別できない。つまり、ある特定の位置にある砂粒は（それ単独で・そのものとしては）、その砂がかつてどこにあったのかをまったく示さないのだ。それがかつてどこにあろうと、今ここにあることとの間に区別がつかないと言ってもよいし、そもそもかつても何もなくただただ常に今そこにあるという瞬間しかないと言ってもよい——〈私〉が観察によって砂粒に過去を付与するまでは。

要するに、身体以外の物質は、方向性をもたらすような連続した変化、つまり時間的な変化を持たない。単なる物質の属性の中に、〈私〉が日々経験しているような一方向に「流れる時間」は存在しない。単なる物質は年をとらないのだ。

同じことを、「物は歴史を持たない」と表現してもよい。故に、もし社会的事実が単なる「物」であったならば、少なくともこれと「同じ資格における物」だったならば、社会は歴史を持たない存在として描かれたことだろう。システムの一種として、組織の一種として、要するに機械の一種として。

確かに、時と共に鉄は錆びる。しかしそれは、あくまで空気中の酸素という外的環境に反応して変化したのであり、自ずから内的に一方向に連続的に変化したわけではない。それが証拠に、無酸素環境に置かれた鉄はいつまでも錆びない。

これに対して〈私〉の身体という物質だけは違う。私の身体は、不断に成長し、不断に老いる。新生児の時から、いや胎児の時から時と共に身長は伸び、体重は増えてゆく。さらに時がたてば、関節の可動範囲は狭まり、動作のしなやかさは失われ、腰は曲がり、遂には歩くことさえ苦痛を伴うものとなる……。身体のこのような不可逆的で止むことのない定向変化は、否が応でも日々観察されてしまう。砂粒と違い、皮膚の皺には過去が初めから刻み込まれている。

この変化こそが、意識に強制されているこの身体の変化こそが、日常的な時間感覚すなわち「二度と戻らない時」「直線的な流れる時間」という時間感覚の基盤となっているように思われる。というよりも、生きていない物質に時間はない以上、少なくとも流れる時間はない以上、そのような時間の経験的な基盤は他にはありえないのだ。この身体という基盤からこそ、人間の意識的生、すなわち「私の一生」を対象化してその全体を観念・把握することが可能となる。この意味で「一生を生きる私」は、そのような時間そのものとして、この物質的世界に存在しているのだ。ここでこそ〈私〉と時間と身体は重なり、一致するのだ。

確かに、身体の変化はこのような一方向性のものだけではない。例えば、ホメオスタシスと呼ばれる恒常性を維持する機能がある。身体は外的環境の変化（気温など）に押されるままではなく、これに対抗し自らの変化が一定の範囲内に収まるように反応する。また、メラトニンやエストロゲンなどある種のホルモンは一日や一月のうちに一定のリズムで周期的に変化することが知られている。

しかし、分析すればある時期ある場所に現れるこうした局所的なリズムさえも、身体の現実のあり方すなわち「生きる物」の一全体＝一有機体としてみれば、揺らぎつつも確実に一方向へ、死の方向へと向かって変化してゆくことは経験的に否定し難い。「成長のある時点以降次第に若返り、最終的に赤ん坊となり生まれ直す」というようなことは、どうあがいても〈私〉の経験には、その片鱗さえ与えられていない。時間は巻き戻らない。

これに対して他の動植物は、ある意味で生まれ直していると言える。というのも、言葉を持たず自己意識を持てない他の生物は――人間のアナロジーとして以外には――実際のところ厳密な意味での個体ではないと考えられるからだ。一般に個体であるとされるそれらの間には、物質的な断絶はないのだから。それらの世代交代は、細胞分裂による無性生殖だろうが生殖細胞による有性生殖だろうが、物質としては連続しており、かつそこに〈私〉は宿っていないのだから。自己意識を持たない生命種の世代交代は、誤って個体と呼ばれるものすべてを全体とする、一つの身体の連続した周期的変化と捉えてなんら不都合はない。

したがってまた、身体なき精神が万一ありうるとしても、それが持つ「現実」には方向性を持った「流れる時間」は存在しないだろう。それは思考の内容と記憶エピソードの乱雑な断片だろう。それはもはや「現実」ではなく、まして「生」ではないだろう。

以上、このようにして「流れる時間」は、「持続」は、そしてベルクソンも言うところの「自由」は、身体というユニークな物質と共に、否定し難き直接経験として、不可逆的に年をとる人間の生すなわち「私の一生」「私の人生」として、私の現実の生の様態そのものとして、この世で生きる〈私〉に現れるのである。そしてこの事実においてこそ、身体は、「社会」の地盤たりうるのだ。

終章　誕生した社会：絡繰

——相互創造の網と人間的超越性

「社会」の誕生過程を追って、人間の同類性の根拠を追って、つまりは「共に生きる」ということの根拠を追って、我々はベルクソンと共に「生」と「愛」に至った。

本終章ではまとめとして、生み出された「社会」の基本構造、我々が生きる現代社会の「絡繰《からくり》」を素描してみよう。かつてないほどの規模で分解しつつある、我々に課された歴史的現実の中で、これまでの議論を振り返りつつ、我々自身の経験にも論の基盤を求めつつ、まずはこの到達点である「生」について、のち「愛」について考えてみよう。

生（生命）とは、何だろう。ベルクソンを踏まえて答えれば、それは「物理力の持つ必然性にできる限り多くの不確定性を付け加えようとする努力」であり、「すなわち物質の只中を走らされている意識」、つまりその不確定性、非決定性、自発性において単なる「物」、単なる物質と区別される運動であり変化そのものであると言えよう。もちろんこの運動・変化は、単なる「移動」「適応」ではない。それはあくまで「自発的な変容」である。補節で見た我々の「身体」がまさしくそうであったように。生命とは程度の差はあれども一種の意識なのだから。

この意味において生命とは、生きるとは、自由で創造的であることそのものである。自発的変容や創造的自由は、有機体（身体）の性質ではなく、かえって有機体（身体）が生の一様態なのである。

では、他の生命とは異なり社会を生み出し社会を成している、「自己意識」を持つ「人間の生」とはどんなものだろうか？

再びベルクソンの言葉を思い起こそう。

意識とはそこでは創造の欲求なのであるから、創造が可能な場合でないと自身に対して意識としては現れない。生命が自動仕掛けに押し込められている間、意識は眠っている。選択の可能性がよみがえるやいなや、それは目覚める。（Bergson 1907：261-262＝309）

我々は自身に対して意識として現れている意識、自分が意識的存在であることを意識している意識、すなわち自己意識である。この意識は、おそらくほとんどすべての他の生物がそうであるような、「自動仕掛けに押し込められた眠った意識」ではない。我々人間は自分が意識であることを認識できる覚醒した意識であり、そのために自己を対象化し自己を創造することが可能となった意識存在、選択が可能な意識、つまり自由な自己存在である。人は自らが内発的に変容していることを捉え返し、自らの運命を捉え返すことができる。自らの自由さを反省的に把握しそれさえをも自らコントロールできる。この意味で人間は、トクヴィルが「告白」の手紙において苦悩の中で認めた「神に与えられた選択の自由」を持つ、あまりにも自由な存在なのだ。遂には現実に反する、物理法則にさえ反する＝経験に正面から反する空想さえ、想像＝創造できてしまうほどに。

このような反省的意識、自己意識の存在は、否定し難い内的経験的現実であることに注意してほしい。これは仮説ではない。これは各自が日々経験中であり自らの内に確認可能な経験的事実である。もちろん、他者の自己意識の存在は否定可能だ。私の経験の中で他者は徹頭徹尾身体という物質として、外的にしか知覚されない存在として私に現れるのだから。仮にすべての他人に自由意志がなかったとしても、すべての他人がその反応をプログラムされた機械だったとしても、私が日々経験する現実は、そうでない場合と比べてまったく何も変わらないという事態は十分に考えられる。しかし、自分自身については、〈私〉についてはそれは無理だ。〈私〉の内的経験は私の現実の中に物質として知覚される事実として現れるわけではないのだから。

かような意味において、人が生きるということは、人間的生とは、反省的意識を持ち自発的で創造的な自由な変容状態であることである。

では、そのような人間が「共に生きる」とは、社会を成すとはどういうことなのか？　他者のある世界とは、とりわけ我々が見てきた歴史の中で誕生した現代の世俗社会とは一体どのような機制、根拠、絡繰を持っているのか？

ここでまずもって確認せねばならないのは、人間を外的可感性に基づいて定義することの徹底的な不可能性である。

これまでトクヴィル、デュルケーム、ベルクソンらと共に順に追って見た通り、社会的で世俗的な人間とは歴史的に要請され生成された概念であり、客観的で外的な現実に相即しているわけではない。さらに、生命とは創造的で自発的な自由であり人間の特質が反省的な自由意識であることを踏まえれば、もはや人間の人間性とはそれ自身として外的に観察可能な「物」ではありえないことを主張せねばならないだろう。先にも述べた通り、他者は私の経験の中で身体という外的にのみ知覚可能な物質としてしか現れえず、この身体がどこまで行っても物質、内面を持たないプログラムされた機械であったとしても、経験と齟齬はきたさない。つまり、私に現れる人間の形態・外面はせいぜいのところ人間性の手掛かり、しかも極めて不十分な手掛かりであって、存在者の外的形態はその存在者が人間であるか否かの判断の根拠とはなりようがないのだ。なぜならば、既に論じた通り人間が人間たりうるのは、その創造的な自由に、自発的変容に、反省的な自己意識に、その限りにおいてそれ自身外的には知覚不能で不可視なものにあるのだから。故に、通念に反して、人間の人間性はその有機的生理には限定されていないこととなる。我々人間が有機的生物であることは、やはり、我々の生の一条件でしかないのだ。

同じことをより包括的に表現するとすれば、我々が互いに同じ人間であることは世俗社会内の経験では最終的に根拠付けられない、ということだろう。二月革命を経る以前のトクヴィルがそうであったように、後年のデュルケームが暗黙の内に気付いていたように、人間は chose として、自然物として、客体として、人間であるわけではないのだ。そしてこのことは、生物種としての共通性という自然にあってさえそうなのだ。「人類」「人間」はまったく歴史的で社会的な構成概念である。人間の人間性は物質的現実としてのnature（自然＝本性）にはない。この意味で、我々が共に人間であるということは、常識に反し、自明なことではなく、逆に極めて不安定な「事実」なのだと言いえよう。だがしかし、まさしく否定し難い日常経験として、我々は毎日ごく当たり前に、人間とそうでないものを見分け対応しているではないか？　これはまったくの錯誤なのだろうか？　しかしそう考えることはまさしく直接経験を否定するという現実離れの誤りを犯すことになろう。では、この「自明な」認識判断は何に負っているのか。我々は人と接する時、その根底において何を経験しているのか？

それは、トクヴィル、デュルケーム、ベルクソンと共に歩んできた我々が最後に到達した、「愛」である。

詳細な説明が必要だろう。

まず、ここでいう愛とは、いささかも「感情」ではない。愛（amour）と愛情（affection）は峻別せねばならない。愛情とは特定の限定された対象に対するコミットメント、つまり執着（attachement）の一つである。「何が何でもこの人じゃなきゃダメだ」とか「私だけを永遠に愛して欲しい」とかいったことだ。それは、これらの例が端的に示している通り、限定であり、固着であり、不動性であり、不自由であり、したがって我々の観点から見ればはっきりと生の対極、すなわち死につながっている。

対してここでいうところの愛とは、好悪ではなく自発的変容という否定し難い事実の承認のことである。自分を愛するとは、自分が自由で創造的な、常に内発的に変化する存在であるという現実を、明らかな意志を持って受け入れることだ。そして、人を愛するとは、ある存在の中に反省的で内発的な変容としての生を、そしてこの意味における自由を見て取ることだ。これを人格の尊重と言ってもよかろうし、ある水準では人権の尊重と言ってもよかろう。現代の日常語の中では「配慮」がこれに最も近い意味を持つだろう。隣人を愛するとは、他者もまた自由な存在であるということを、他者もまた生きているということを覚知し承認し尊重することである。

他者がそのような存在であること、つまり他者もまた自己意識を持つ存在として人間であることはしかし、外的にも内的にも可感的には確認不能・根拠付け不能だ。可感的世界において他者は、外的には身体という物質として私に現れ、内的には直接には何も与えられないのだから。他人の心はそのものとして私の内面に与えられていない。唯一私の内の私の持続・私の自発性・私の自由だけが、私が可感的に経験できる人間的生である。他者が、私が自分の中に直観しているのと同じ生命であるかどうかは、可感的にはわからない。ましてや他人の気持ちなど原理的にわかりようがないのだ。わかったと思っても、それは期待や推定でしかありえない。

そうである以上、この尊重、この配慮、他者に対するこの愛は、一つの「飛躍」とならざるをえない。それは理性による論理的な演繹ではない。他者も自分と同じく人間であると承認することは、なんら経験に基づいた合理的な認識でも判断でもない。実のところそれは、一つの決断、一つのまったき「賭け」なのだ。この限りにおいて他者への愛は、またしたがって我々が共に生き社会を成していることは、外的内的経験に根拠付けられていないという意味で、まったく非自然的、非物質的であり、非合理的であり、この意味で、人間社会は可感性を超え超越的であらざるをえないのだ。

しかるに、自分の愛は否定し難き経験的事実である。それは、自由意志の経験そのものの確認であり、自らの自由の直接的覚知であり、内発的変容としての生の無媒介の覚知である。要するに、自分が生きているということと同義である。自分が生きているということを、経験に即して、いかに疑いえようか。

いや、率直に言ってしまおう。一つの賭けであるところの他者への愛、一つの決断である愛、反省的で自由な存在としての他者の無根拠で非論理的な承認であるところの愛とは、むしろそのようなものとしての他者の「創造」なのだ。経験に即せば、そのような他者、〈私〉の内面に無媒介に覚知される「人間性を備えた他者」など、経験に対しては露ほども現れないのだから。そうである以上、厳密に言えば、私が他者を人間として扱い他者の心を察し理解しようとする時、他者の可感的外見や身体運動をもって他者の人間性を「推定」しているとさえ言えないのだ。その「推定されるなにものか」が存在する保証など、それどころかそのわずかな根拠さえ、外的に可感的な世界の経験の中には、世俗世界の経験の中には、どこにも存在しないのだから。それは実際のところむしろ「存在して欲しい・存在するはずだ」との「期待」に過ぎない。

しかしこの「期待」は、我々の日常的な生の中でほとんど無条件の確信を持って感じられている。それはつまり、我々は生きているというこの否定し難い経験的事態を自発的変化＝自由＝創造性＝生命と捉えるのであれば、そのようなものとして私が他者を日々創り上げているということなのではなかろうか？　他者が他者であると、他者も生きた人間であると否定し難く見えることそれ自体が私といういう生の創造性の発露であり、またそのことによってこそまさしく他者が自由な存在として創造されているのではないか？　そしてわれわれは相互にこの創造行為をし合っているのではないのか？　そしてこの相互創造する存在の全体が人類なのではないのか？　人間社会の定義はここにあるのではないのか？

まさしくこのように理解された社会こそ、「偉大な神秘家が一身を捧げる」社会、「人間性全体の原理であるものへの愛の中で愛された人間性全体」としての社会であり、その中では「目的（対象objet）は、物質的にはもはや労苦に値しなくなり、道徳的にはあまりにも高い意義を持つようになる」、「生一般への愛着は、個々の物からの離脱に他ならなくなる」、いわば愛着が愛へと転ずる、そのような社会なのではないだろうか？

事実、この社会観＝人間観はごくごく日常的な経験に正確に合致する。例えば、大通りの反対側を歩き過ぎる見知らぬ、人の形をした物質（身体）を、話しかければ反応する他者であると——確認したこともなく、原理的に確認のしようもないのに——当たり前のようにそう考え社会生活を営み特に矛盾を生じていないのは、目にした対象物を、人の形をした物質を、他者であると私が感知することによって人として創り上げているからなのだ。そのような特定の対象物が、推定や期待によるのではない真の意識主体であると言いうる経験的で合理的な根拠など、どこにもないのだ。それが我々の日常生活の実際なのだ。

このような人間と社会の理解に相対する立論として、「他者の意識そのものが私の経験に現れない以上、あらゆる他の人間（の形をした）存在は実は意識主体ではないという事態」、すなわち独我論・唯我論は成り立ちうる。しかし、これらの論は、知性的な分析の結果として現れうるとしても、我々に直接に（分析以前に）与えられている生の経験に現れるとは到底思われない。実際、各自の心と経験に問うてほしい。各自の直接的経験を裏切らずに、そこから直観的に得られる分析以前の事実を裏切らずに、独我論を支持することができるだろうか？　概念の論理的構築としては、言葉の上では、世界に存在する意識主体はただ私のみとの仮定は立てられよう。しかし、それらはその主張者の心の真実に本当に合致しうるだろうか？　他者が人間と見分けのつかないアンドロイドである可能性を論理的には否定できないとしても、本当にそのように心の奥底から自然に感じられるだろうか？結局、「他者に心があるのか」という問題設定が、「他者は、私を離れて、それ自身として自由意志を持つ存在なのか否か」という問題設定自体が、現実に即していないのだ。創造的な＝生きている＝自由な存在としての〈私〉の創造行為なくして「他者の心」はありえない。私が自由に生きることによって他者の心を創り、またおそらく同様に他者によって〈私〉が創られているのだ。

この愛という創造は、無論人間の反省的意識性が前提となる。というのも〈私〉を表象可能な意識、自分自身を対象化可能な意識であるが故に、社会的道徳的行為の決断をおこなうこともでき、「他者を愛するという決断」も可能となるのだから。この意味で愛は「自然に湧き出る」ものでも「盲目的な」ものでもないのだ。

そしてこの愛、すなわち他者の自由に向けられた私の自由なまなざしこそ、生物としての生、いわば身体の生である「生存のための生（la vie pour survivre）」からは質的に区別され、かつ、デュルケームによって縮小されたその範囲をより現実に即して、しかしあくまで経験に基づいて、「信仰」には至らない範囲に再拡張された意味において「社会的生（la vie sociale）」と呼ぶべきものであろう。それは、「群れ」としての「閉じた社会性」ではなく、「自由な意識諸主体の社交体」としての「開いた社会性」であろう。

なお、このような愛の規定が、本来の愛なるもののすべてではなかろう。相互創造の網としての人間社会＝人類の背後には、もしかすると世界のそもそもの創造主、一切の初めの造物主としてのなにものかが控えているのかもしれない。[1] それはこれまで展開してきた議論だけでは否定できない。しかし、経験可能な世俗社会の範囲内では少なくとも、社会的現実はむしろ自由意志を持つ存在の絶えざる相互創造として現れていることもまた、我々自身の日々の経験に照らし合わせれば否定できないのではないか？　ただ、世俗的経験の範囲内ではこの対象の被創造性の根拠は見出されないが故に、他者に対するこのような愛は、論理的な演繹を超えた「飛躍」「賭け」となるのだ。そしてこの「賭け」は、まさに人間の人間性が物質性に負うものではないが故に現実におこなわれる。なぜなら、人間が不変不動の物質に還元されえないがためにその固定された定義はありえず、この世界のなにものも、そのもの自身では、すなわち創造されなければ、「賭け」られなければ、人間ではありえないのだから。人間概念は、歴史の中でたゆたう生の産物なのだから。そしてこの「賭け」の別名こそ、「信頼」であろう。

　したがって、自由で人間的な——もはやこの二つの形容詞は同義だが——社会を構築し維持するには、他者をそのように創造せねばならないし、自らもそのようなものとして絶えず他者によって創造されねばならないだろう。でなければ、社会的な生を生きる私は維持できない。ここでいう維持とは、不動・不変化のことではなく、不断の創造のことなのだから。一体、世界中のすべての人に物扱いされて、それでもなおかつ私は自由意志を持つ存在であると自分自身を認識できるだろうか？　この創造を怠ったり破壊したりする結果は——様々な水準と様々な様態での——死なのだ。

ここで、前章第五節末のあの疑問に答えられる。ベルクソンの言う愛は、カトリシズムの完全な超越性としての神の愛と同一のものではない。それは生命の、人間自身による相互的な創造的行為であり、超越的な神性を前提とする必要はないのだ。これが拡張された意味における、全面的に展開された意味における、世俗的で可感的で経験的な人間社会＝人類の定義なのだ。

このような愛の解釈は、いわばベルクソンが触れた愛の人間主義的解釈、脱カトリック的、ある意味で非超越的解釈であり、ベルクソンのみの解釈としては行き過ぎだと言われるだろう。確かに今日の目で見れば、例えば『二源泉』後半など、科学・学問から逸脱し、宗教（カトリシズム）への一線を越えてしまったようにも思われる。そして確かに我々の観点から見ても、「神秘主義」という誤解を招きやすい語の使用——神秘主義というものの長い歴史を振り返れば必ずしも不適切な使用法ではないのだが——もあり、信仰の領域へと密やかに逸脱してしまっている感がないわけでもない。

確かに、先にも述べた通り、神的絶対的超越性の何らかの意味での存在を真っ向から否定はできない。しかし、ベルクソンが彼自身の方法を堅持しあくまで経験に沿うならば、そのような「社会のすべてを外側から包み込む」超越性を前提とせずとも、相互創造の網として社会を概念化することは可能であり、経験世界の地平線を踏み越えてしまう前にそうすべきだったろう。

しかし、これらのことを認めてなお、遂に洗礼を受けなかった彼の社会理論の構成と可能性は、あくまで経験に即した人間主義的な領域にぎりぎりのところで踏み留まっているように思われる。むしろ、だからこそ、他者の創造の網として、超越神を前提とせずとも描き出せる新たな社会概念を、彼の議論の中から引き出せるのだ。確かに、この社会概念は、共和制とカトリシズムの蜜月という背景史の中で、ベルクソン自身によっては明確な概念化はされなかった。彼はその必要を感じない歴史の中にいた。しかし、今日我々はその必要を感じ、それに名前を付けることができる。それは、神的超越性とは区別される、いわば「人間的超越性」の領域としての社会である。

「社会」、我々が共に人間である根拠であり、社会的生を営む現場。それは神的超越性に支えられざるをえないように久しく考えられてきた。確かにそれは、物質的可感性という意味での世俗性の水準では根拠付けられていない。しかし他方で、我々が生きているという事実は意識内的に経験的に確証できる以上、少なくともこの超越性は一切の世俗性と完全に切り離されたまさしく神的超越性ではなくともよいはずだ(「神秘(主義)」の語は神的超越性に対し限定して使用されるべきであろう)。ならば、外的な物質的証拠はなくとも内的な経験的根拠に基づいて、神的超越性と物的世俗性の間に、我々がまさしく人間としての社会的生を実際に営んでいる自立した領域の存在を、「人間的超越性」ないしは「人格的超越性」とでも呼ぶべき領域の存在を認めることができるのではないだろうか?

そしてこの領域に、我々が社会的生を営む存在一般としてすなわち人間的人格一般として互いに同類であり平等であることの根拠を措定できるのではなかろうか？　日々現に我々が互いに創造し合い成している愛の領域に。

この領域こそあの領域、あの場所、あの世界ではなかろうか？　トクヴィルが心の奥底から動揺した人間存在の問題の領域、すなわち「この世の境界線を超えた、しかし確実な神的来世には至らない、その間にある理解し難い闇」、「習俗」の世界、「知的道徳的世界」。そして世俗宗教としてのフランス革命が目指したところ。さらにドレフュス事件に際してデュルケームが模索した「超越と世俗とのどちらでもない、その『あいだ』のどこか」。

またこの新たな超越性こそ、デュルケームがトーテミズム研究で模索してほのかに見出し、ベルクソンが到達して全面的に展開した「生の原理」の内実なのではなかろうか？　さらにトクヴィルが、またデュルケームが求めた「我々が共に等しく人間的人格であることを保証する権威」さえも、この生の原理に、とどのつまり我々が創造的な自由な行為としてお互いを人格として日々創造し合いながら、この意味において愛の中で愛し合いながら生きている、というより人間としてはそう生きざるをえないという事実そのものに見出しうるのではないだろうか？　すなわちこの意味において「世界に内在し、無数の雑多な物の中に拡散している、名も歴史もない非人格的な神」、いわば非超越神である生の原理に。

そしてこの領域でこそ、先に見たベルクソンの予見は現実化されるだろう。ここでこそ、「私たちの中で人間性が拡大され、人間性が人間性を超えるに至る」のだ。我々が世俗的な人間であると同時にその人間性を超える存在であること、我々が相互に創造し合うというまさにこの意味において事実人間性を生きていることが、ここでこそ、根拠付けられ保証されるのだから。

そしてまたこの意味においてこそ、かつてトクヴィルが見出した「人間の一人一人が生まれながらにして自由に対して持っている平等な権利」は社会の中で確保されるだろう。トクヴィルにおいてそれは、カトリシズムの神的超越性に全面的に負うものであった。しかし、デュルケーム社会学とその時代を経てベルクソンと共に我々が辿り着いたこの自由は、拡張された意味において可感的な経験的現実なのである。それはむしろ人間的超越性に負うものとして捉えられるのではなかろうか。

人間的超越性は、一方で、自分の自由については意識に直接与えられているが故に確実に経験可能である点で、また(他者の身体を含む)物質世界に外的知覚によってのみ接する点で、確かに世俗性を持つ。しかし他方これは、自由な存在としての他者については経験的な確認が一切不能である点で、それは賭けであり愛でしかありえない点で、超越性を持つ。これまでの議論から、この二重性において我々は人間として現に生きていることが、これこそが人間に与えられた生の現実そのものなのだということが、理解されよう。

であるが故にまた、この人間的超越性の領域＝相互創造としての社会と人間（人類）概念の措定は、我々が生きる社会をなんとか世俗内で完結させようというデュルケームの努力を実りあるものにできる。彼が神秘主義や形而上学をあれほど排除したのは、一方では正しかった。それらが神的超越性の領域を指している限り。ただ、彼はそこに人間的超越性の領域をも区別なく含めてしまった。そのため人間社会が物として現れざるをえず、生の現実から乖離してしまった。しかし、後のトーテミズム研究において実際のところ彼自身そこに踏み込んでいたこの人間的超越性の領域を確保しさえすれば、そしてそこは経験の範囲内であり拡張された意味において可感的であり、この意味で拡張された世俗の範囲内であると認めさえすれば、彼の社会学は論理的にも経験的にも実証的に完結するだろう。

結局のところ、この人間的超越性の領域としての社会の中でこそ我々は、超越神でもなければ物でもなく、まさに人間として生きているのだ。神と物質の間には、神学と物理学の間には間隙があり、そこで我々は相互に人間として創り合い、実際に共に自由に生きているのではなかろうか。

以上が、歴史の中で生み出された「社会」という表象の赤裸々な有り様であり、すなわち現代社会の根底的で現実的な構造、絡繰である。この先の議論は本書の主題の範囲を脱する。ここから先は稿を改めて展開するものとし、ここで一旦、筆を擱こう。[2]

あとがき

本書は、学術誌『思想』第一〇一〇号および第一〇一一号に発表した拙稿「共に生きるという自由について（上・下）――生の社会学への展望：トクヴィル、デュルケーム、ベルクソン」（岩波書店、2008）に大幅な加筆修正を加えつつ、同時に選書メチエの趣旨に鑑みて専門家に限られない幅広く多様な読者を想定しつつ一冊の本にまとめたものである。また、特に歴史的事実の記述において、拙著『トクヴィルとデュルケーム――社会学的人間観と生の意味』（東信堂、2005）に多くを負っている。本書で触れた論点・視点の、より深く専門的な展開に関心を持たれた方は、これら二論考および参考文献に挙げた私の他の論考を合わせてご参照いただければと思う。

以下、本書が現代人たる我々自身に対して持つ意味を簡潔に明らかにし、あとがきとしたい。

我々は通常「社会」を思い浮かべる際、誤って社会制度ないし社会システムを、つまり「統合された一つの全体としての社会」を思い浮かべる。それもしばしば我々が生き延びるための必要悪として、それに組み込まれなければ「まともに生きてゆけない」必要悪として、まるで「近代国家」の同義語のように「社会」を思い浮かべる。そしてこのように誤解された「社会」とは、実のところ、「法と刑罰」に典型的に見られる通りの、科学の名の下に物理法則に類似させた、反作用としての制裁を伴う規範すなわちルールの一体系ではなかろうか。別様に表現すれば、それは、数多くの「部品たち」によって構成された金属製の硬い機械から類推した一全体システムだ。

このような誤解は、本書で我々が見てきた社会概念の誕生史を、とりわけ初期デュルケームにおけるそれを振り返れば、無理もないのかもしれない。あのような誕生史を経た我々の「社会」は、それ固有の安定性を持つ「一つのまとまり」とごく自然に観念されてしまうのだろう。しかし、この「自然な」観念、この自明で常識的な社会認識こそが、自由を、したがって現実を失う死への道なのだ。

というのも、このような「常識的な」社会認識の中では、我々が生きていること自体がその認識枠組自体によって否定されてしまうのだ。この「常識」は、本質的に非決定である社会的生の現実を、概念装置や統計データで測ろうとする。人間の行為は、「科学的な」社会科学が前提とするような規則性や斉一性を持つ「物」では原理的にないにもかかわらず「計算」し「処理」しようとする。人々がまるで磁石に引きつけられる砂鉄であるかのように。その結果「自然に」見えてくるのは、「不自然に」現実離れした人間と社会の姿だ。つまり、人々と社会が、そのように認識すること自体によって殺された、死んだ姿だ。そしてこの姿は、現に生きる我々の姿からほど遠いのはもちろん、科学的・客観的事実でもないのだ。

そうではなく、我々が日々生きて経験している事態を直視しよう。それは状態だ。あまりにも自由、あまりにも不確定な状態だ。一定の不変性を持つのは物であり、物の不変性は社会的生の前提・条件の一つでしかない。日々営まれる社会的生はこれに相対する創造なのだ。そして社会現象は徹頭徹尾、予見不能なたゆたう状態でしか本来ありえないのだが、それを制度・システムとして認識したその瞬間にそれはそのように、すなわち物として、一種の機械として現れ、我々はそのような物的思考様式に捉えられ、もって「自由」な「状態」という生の現実から離れてゆくのだ。のみならず我々は、社会をシステムと看做したその瞬間に、自分自身を殺し、社会という機械の部品と看做し、部品であるべきだと自己規定するのだ。そして部品の性能を競うのだ。

このように規範体系としての「社会システム・社会制度」を「社会それ自体」と見誤る時、我々は「制度」という人が作った「ゲームのルール」を真に受けてその中で生きることになる。その時我々は自らの生でもって「現実ごっこ」を演じてしまう。そこで我々は、現実ではないものを、「偽物の現実」を、唯一本当の現実として受け取ってしまうのだから。この「偽物の現実」とは、身近な例を挙げれば、「学校は勉強するための／会社は働くための場所だ」とか「子育て／教育とは、未熟な子どもを完成された大人にすることだ」といった「事実の顔をした規範」である。

しかし、これらは決して生《なま》の事実ではない。これらは実際のところ社会的に策定された、つまり固定化された「ルール」なのだ。それは「不変の現実」などではない。つまりそれ以外の現実的な生き方もありうるのだ。にもかかわらずこのような偽の現実を生きるとは、つまりはテレビドラマや映画のストーリーを、あらかじめ誰か他の人間が書いたシナリオを、まったき現実として生きてしまうことに等しい。「作り話を良く生きる」意味など初めからあるはずもないのだから、一生が「現実ごっこ」では、相対主義も、そして行き着く果ての虚無主義も、無理もなかろう。[1]日本社会ではもう十年以上もの間絶え間なく、年間三万人以上の人が自ら命を絶っている。彼らが互いに示し合わせたはずもないのに、一年間に三万数千人が安定的に自殺し続けている。無理もなかろう。

　だが、本書で明らかにした人間の相互創造としての社会の認識によって、つまり人間的超越性の領域としての社会の認識によって、この錯誤は正され、経験されている現実の真の姿が見えてくる。

　人間はその人間的生を、賭けによって愛によって相互に創造し合っている。この相互創造によってこそ我々は、時間を持たない単なる物質としてではなく、共に同じ時を、共に年をとり共に老いるこの社会的生を、現に生きているのだ。

　つまり、本書冒頭に触れた「社会に生きるという営みのつらさ」は、決して人生そのものの、人間としての生それ自体に必然的な「生きづらさ」ではないということだ。現在の社会状態は、というよりも社会といういわば「生の外枠」自体が、いかんともし難い必然ではなく、むしろ歴史的に形成された「ある状態」「生のあるあり方」に過ぎないのだ。

人間の生が不断の創造である以上、歴史的にもそうでしかありえない以上、我々は、身体に基礎付けられた現実に生きる人間として、互いに自由に意識的に創造し合うことができる。いや、たとえその程度は様々であれど実際に日常的にそうしているはずだ。我々人間は「物」では、機械では、組織の部品では、ありえないのだから。本性において自由でない〈私〉、自由でない「社会」などありえない。人間の生が意識的反省的な自発的自由である以上、そのような〈私〉や社会は、「死である生」というまったくの矛盾、まったくの非現実を意味することになるのだから。

とどのつまり、社会を成すとは、共に生きるとは、通常思われているよりもずっと、本質的に自由な行為である。これこそが本書の社会分析が我々自身に対して持つ意義の核心だ。自由主義者トクヴィルが残した次の言葉の通りなのだ。

> あらゆる時代において、若干の人々の心を非常に強く自由に愛着させたもの、それは、自由の物質的恩恵とは関係なく、自由の魅力それ自身、自由の固有の魅力である。(Tocqueville 1856 : 217 = 350[2])

人間社会は物ではない。それは自由という創造の状態である。

最後に、本書の執筆にあたり直接に力を貸してくださった方々に感謝の意を表したい。

私の勤務先でのスケジュールに合わせて通例よりも長めの執筆期間を与えてくださり、また全体の構成に関する的確なアドバイスを与えてくださり、最終段階では共に苦悩してくださった講談社選書メチエの青山遊氏にあつく感謝したい。本当にお世話になりました。

かつての教え子であり、今や共に学ぶ同志である北海道大学大学院経済学研究科院生、楠木敦氏にも心からの感謝を捧げたい。シュンペーターを中心とする経済学史をその根底において捉える本格的な研究を続けている氏ならではの、草稿に対する深く鋭い批評は、本書の完成度を上げるために不可欠なものであった。

さらに、フランス・ナント市に位置するグランドゼコール「オーデンシア・ナント・マネジメントスクール Audencia Nantes École de Management」の国際交流部部長、デジ・シュミット Desi Schmitt 女史にも感謝の意を表したい。南仏の日差し溢れる瀟洒な港町カシ Cassis で昼食を取りながらおこなった、また別の日には高野山の神秘的な静けさの中おこなった、またさらに別の日には、さわやかな初夏の明るい夜に古都ナント Nantes でおこなった、人間の普遍性と生命の広がりについての真摯な対話は、とりわけ終章の大きなヒントとなった。

なお本稿は和歌山大学経済学部研修専念制度に基づく研究成果の一部である。一年間にわたって教育と学内行政を基本的に免除されるこの制度のおかげで、本書執筆に十分な時間を確保することができた。記して感謝したい。

そして最後に、私の生をすこぶる創造的なものとし、本書の論理に日々実体を与えてくれる妻と二人の娘たちに、本書を捧げることをお許しいただきたい。

二〇一一年六月

菊谷和宏

参考文献

本文中で引用・参照されたもののみ。引用文の訳は適宜変更した。また、（　）内の年号は本書で参照した版の発行年である。

Bergson, Henri 1889 *Essai sur les données immédiates de la conscience*, PUF（1927）＝ 2002 合田正人・平井靖史訳『意識に直接与えられたものについての試論』、筑摩書房（ちくま学芸文庫）

——1896 *Matière et mémoire*, PUF（1939）＝ 2007 合田正人・松本力訳『物質と記憶』、筑摩書房（ちくま学芸文庫）

——1907 *L'évolution créatrice*, PUF（1941）＝ 1979 真方敬道訳『創造的進化』、岩波書店（岩波文庫）

——1912 "L'âme et le corps" ＝「魂と身体」、*L'énergie spirituelle*, PUF（1919）：29-60 ＝ 1992 宇波彰訳『精神のエネルギー』、第三文明社（レグルス文庫）：41-75

——1932 *Les deux sources de la morale et de la religion*, PUF ＝ 1977 平山高次訳『道徳と宗教の二源泉』、岩波書店（岩波文庫）

Besnard, Philippe 1988（杉山光信・三浦耕吉郎編訳）『デュルケムと女性、あるいは未完の『自殺論』』、新曜社

Chevalier, Jacques 1959 *Entretiens avec Bergson*, Plon ＝ 1997 仲沢紀雄訳『ベルクソンとの対話』（新装版）、みすず書房

Durkheim, Émile 1895 *Les règles de la méthode sociologique*, PUF（1937）＝ 1978 宮島喬訳『社会学的方法の規準』、岩波書店（岩波文庫）

——1897 *Le suicide*, PUF（Préface のみ Félix Alcan, 1897）（1930）＝ 1985 宮島喬訳『自殺論』、中央公論社（中公文庫）

——1898 "L'individualisme et les intellectuels" ＝「個人主義と知識人」、*La science sociale et l'action*（éd. par J.-C. Filloux）、PUF, 1970：261-278 ＝ 1988 佐々木交賢・中嶋明勲訳『社会科学と行動』、恒星社厚生閣：207-220

——1912 *Les formes élémentaires de la vie religieuse*, PUF（1960）＝ 1975 古野清人訳『宗教生活の原初形態』（上・下）、岩波書店（岩波文庫）

——1913 "Le problème et la dualité de la nature humaine" ＝「宗教問題と人間性の二元性」、*Textes* II（éd. par V. Karady）、Minuit, 1975：23-59 ＝ 1998 小関藤一郎訳『デュルケーム宗教社会学論集』（増補版）、行路社：205-248

Jardin, André 1984 *Alexis de Tocqueville*, Hachette ＝ 1994 大津真作訳『トクヴィル伝』、晶文社

菊谷和宏 1994「デュルケームにおける社会学の経験科学性と社会統合——その社会学的認識の深化を追いながら——」、『年報社

会学論集』第七号、関東社会学会：213-224
——1995「デュルケームの民主主義論」、『一橋論叢』第一一四巻第二号、一橋大学一橋学会：192-211
——1997「トクヴィルにおける自由の条件としての道徳的同質性」、『年報社会学論集』第一〇号、関東社会学会：1-12
——1998「トクヴィルとデュルケーム——社会学的人間観の歴史的形成過程——」、『社会学評論』第四九巻第二号、日本社会学会：2-17
——2005a『トクヴィルとデュルケーム——社会学的人間観と生の意味』、東信堂
——2005b「デュルケームとベルクソン：超越への実証科学的アプローチ——普遍性の再建に向けて」、大野道邦編『フランス社会学理論への挑戦』（『日仏社会学叢書』第二巻）、恒星社厚生閣：105-133
——2006a「社会とその外部——社会的生の意味」、新原道信・奥山眞知・伊藤守編『地球情報社会と社会運動——同時代のリフレクシブ・ソシオロジー』、ハーベスト社：62-80
——2006b「トクヴィルとベルクソン：近代民主主義の人間的／超越的基盤」、『日仏社会学会年報』第一六号、日仏社会学会：89-112
——2008「共に生きるという自由について（上・下）——生の社会学への展望：トクヴィル、デュルケーム、ベルクソン」、『思想』第一〇一〇号・第一〇一一号、岩波書店：35-55・148-181
——2009「社会科学における身体論のための素描～現実の一意性を支えるもの、または現実と自己意識のユニークネスについて～」、『経済理論』第三五二号、和歌山大学経済学会：23-45
——2012「身体・他者・社会——生の社会学への道標」（未発表：『和歌山大学経済学会研究年報』第一六号掲載予定）
Merton, Robert K. 1949 *Social Theory and Social Structure*, Free Press ＝ 1961 森東吾・森好夫・金沢実・中島竜太郎訳『社会理論と社会構造』、みすず書房
宮島喬 1979『デュルケム自殺論』、有斐閣新書
中木康夫 1975『フランス政治史』（上・中）、未来社
夏刈康男 1996『社会学者の誕生：デュルケム社会学の形成』、恒星社厚生閣
折原浩 1981『デュルケームとウェーバー——社会科学の方法』（上・下）、三一書房
柴田三千雄・樺山紘一・福井憲彦編 1996『世界歴史大系　フランス史　3』、山川出版社
Soulez, Philippe & Worms, Frédéric 2002 *Bergson - Biographie*, PUF

Tocqueville, Alexis de 1835 *De la démocratie en Amérique* I, *Œuvres complètes* tome I-1, Gallimard = 2005 松本礼二訳『アメリカのデモクラシー』第一巻（上・下）、岩波書店（岩波文庫）

——1840 *De la démocratie en Amérique* II, *Œuvres complètes* tome I-2, Gallimard = 2008 松本礼二訳『アメリカのデモクラシー』第二巻（上・下）、岩波書店（岩波文庫）

——1848 "Discours prononcé à la Chambre des Députés, le 27 janvier 1848, dans la discussion du projet d'adresse en réponse au discours de la Couronne", *Œuvres complètes* tome III-2, Gallimard : 745-758

——1850 "Lettre à Francisque de Corcelle du 1er août 1850", *Œuvres complètes* tome XV-2, Gallimard : 27-30

——1850-51 *Souvenirs*, *Œuvres complètes* tome XII, Gallimard = 1988 喜安朗訳『フランス二月革命の日々——トクヴィル回想録』、岩波書店（岩波文庫）

——1856 *L'Ancien régime et la révolution*, *Œuvres complètes* tome II-1, Gallimard = 1998 小山勉訳『旧体制と大革命』、筑摩書房（ちくま学芸文庫）

——1857 "Lettre à Madame Swetchine du 26 février 1857", *Œuvres complètes* tome XV-2, Gallimard : 313-316

——1858 "Lettre à Louis Firmin Hervé Bouchitté du 8 janvier 1858", *Œuvres complètes* (éd. par Gustave de Beaumont et Madame de Tocqueville) tome VII, Michel Lévy Frères : 475-477

——1859 "Un témoignage inédit de Beaumont sur les sentiments de Tocqueville en ces derniers jours de sa vie", *Œuvres complètes* tome IX, Gallimard : 13-14 (note 5)

渡辺和行・南充彦・森本哲郎 1997『現代フランス政治史』、ナカニシヤ出版

注

［序］

1　とりわけ、拙稿菊谷2005a、2005bおよび2009をご参照いただければ幸いである。

［第1章］

1　兄弟や家庭教師の影響を含むさらに詳細な生い立ちについては、Jardin 1984第一部第一章～第三章：9-56＝15-69を参照のこと。
2　以上本節での議論の詳細は、菊谷2005a：39-47をご参照いただきたい。
3　『アメリカのデモクラシー』第二巻の中でトクヴィルはこの「人民」概念について次のように述べている。「古代の最も民主的な共和国で人民と呼ばれたものは我々が人民と呼ぶものと少しも似ていなかった。アテナイではすべての市民が公共の事務に関与していたが、三十五万人を越える住民に対して二万の市民しかいなかった。他のすべては奴隷であって、彼らが今日の人民の役割、あるいは中産階級の役目をさえ果たしていた」（Tocqueville 1840：67＝上112）。つまり、トクヴィルの理解によれば、時代をさらに遡れば人民とは要するに、奴隷なのだ。
4　年代（時代）から考えて明らかなことではあるが、ここでトクヴィルが念頭においている社会主義にマルクスのそれはまったく入っていない。当時の議会構成等の状況を考え合わせると、ここでの社会主義は、具体的にはプルードン、コンシデラン、ルイ・ブラン、ブランキ、ルドリュ＝ロランらのそれを指していると思われる。
5　以上の議論の詳細は菊谷2005a：48-58。
6　以上の詳細は菊谷2005a：59-63。また以下本章末までの詳細は同：32-36。
7　七月王制および第二帝制初頭においてフランスカトリシズム内で大きな影響力を持った、ロシア出身のカトリック教徒。

8 この点については、菊谷 1994、1995 および 1998 をご参照いただきたい。

9 トクヴィルの宗教的信念については、その死の直後からさかんに議論されてきた。親しい友人のある者は終生一貫してカトリック信者だったとし、他の者は死に臨んで回心したと考え、また真に親しかった者は沈黙を守った。後年の研究者も同様の諸派に分かれ、激しい論戦を展開した時期もある。しかし、本書ではこのある種不毛な――というのも、そもそも他者の一生涯の信仰の状態を決定しようなどということがどだい無理な企てであり、事実過去の論戦はトクヴィルのというよりはむしろ論者の信仰の問題であったように思われる――議論に決着をつけるのではなく、彼が死の間際まで悩み続けていたことを確認すれば十分であろう。

　なお、トクヴィルの宗教的信仰の問題については、Jardin 1984 第五部第二十八章：493-504 = 576-590 参照。筆者としては、この問題についてはジャルダンの次の言葉に賛成である。「アレクシス・ドゥ・トクヴィルの精神のように、活発で、情熱的で、ひそやかなままで存在している精神を扱う時には、彼の最晩年の思想に関して確たる事を主張する大胆さを今後とも持てないであろう。沈黙に向かわせるような魂の内奥というものが存在するのである」(Jardin 1984：504 = 589-590)。

10 この引用文はボーモン版『全集』第五巻の序文の草稿にのみ存在し、最終原稿では削除された部分である。この文章の由来については Jardin 1984：500-501 = 584-585 参照。

11 トクヴィル自身に子はない。

12 この間外務大臣の職にあったトクヴィルは、ルイ・ナポレオン自身を含め政権内部の豊富な人物評を含む、いわば内側からの興味深い記録を Tocqueville 1850-51 に残している。

［第2章］

1 以上の詳細は菊谷 2005a：85-94。

2 社会とその外部の概念について、詳細は菊谷 2006a。

3 彼は、一八四八年二月革命後の五月陸軍大臣に就任し、六月事件の際、全権行政長官・総司令官として、徹底弾圧をおこなったルイ・ウージェーヌ・カヴェニャックの子である。

4 以上の詳細は菊谷 2005a : 104-115。

5 以上の詳細は菊谷 2005a : 133-146。また以下本節末までの詳細は同 : 161-167。

6 この序文（préface）は、現在一般に入手可能な PUF 版には収録されていない（邦訳書には訳され収録されている）。この部分の引用についてのみ、Félix Alcan 社発行の初版を参照した。したがって、序文原文の参照ページはこの初版のものである（『自殺論』の他の箇所の引用はすべて PUF 版からのものである）。

7 Merton 1949.

[第3章]

1 以上本節および以下次節の議論の詳細は、菊谷 2005b : 120-125。

2 生の社会学については、菊谷 2008 を参照されたい。

3 以上の詳細は菊谷 2005b : 126-129。また以下ベルクソンの民主主義論については菊谷 2006b : 101-109。

4 Chevalier 1959 : 181-187 = 204-211, 200-201 = 225-226, 233-234 = 262, 257 = 289.

5 Chevalier 1959 : 156 = 176, 233-234 = 262.

6 論理の流れをスムーズにするため本文中ではあえて触れなかったいくつかの点を、ここで補足しておきたい。

身体の一部の運動機能の麻痺、例えば右腕のみ動かないといった場合、その動かない分身体は物に近づいていると言えようが、身体の自由度がゼロではない以上、やはり物ではなく身体であることに変わりはない。

また身体の身体性は運動性のみに負うのではなく、（内的・外的）感覚も無論含まれるが故に、仮に全身すべてが動かせなくなったとしても、それだけでその身体が身体ではなく単なる物質と化したと言いうるわけではない。

7 「睡眠中もこの私が夢を見ている」と言われるかもしれない。しかし、誰が夢を見ているのかという問いは「私が」とすぐさま答えられるものではなく、またそれを言わずとも、現代科学の知見を信じるとすれば、睡眠中ずっと夢を見ているわけではないらしいことから（レム睡眠とノンレム睡眠の存在）、いずれにせよ自己意識が連続していないことは経験的に明らかである。

8 または不幸にして、昨日に引き続き悪化しているのだ。

9 本書第二章補節、一二一頁。

【終章】

1 この意味での神的超越性に対しては、人間の生はまったく受動的でしかありえないかもしれない。能動性として現れうるのは、現世内超越としての「共に生きるという自由という生という創造」の水準が精一杯であり、この水準、すなわち「生というあり方」は、「存在」という神的超越性には届いていないことは認めざるをえない。

2 本章の記述は、本書の主題「社会の誕生」に合わせて、本来の姿からかなりの程度圧縮したものである。より詳細な議論は、拙稿菊谷 2008 第五節「考察――社会、共に生きるということ」、および近く『和歌山大学経済学会研究年報』第一六号にて発表予定の論文「身体・他者・社会――生の社会学への道標」（菊谷 2012）をご参照いただきたい。

【あとがき】

1 「現実ごっこ」については、菊谷 2009 第四節「社会理論――言語ゲームと現実ごっこ」を参照されたい。

2 この一文の深意について、詳細は菊谷 1997。

用語解説

アンシャン・レジーム

旧体制を意味するフランス語。歴史用語としては、フランス革命後の新しい社会体制と対比して、革命以前の社会体制、とりわけ絶対王制期の封建的諸特権に基づく社会体制を指す。

王党派（ブルボン派、オルレアン派）

共和制や帝制に反対し、絶対王制によるフランスの統治を主張する一派。ただしその内部は必ずしも一枚岩ではなく、本書で扱う範囲の歴史では特に、ブルボン家の人間の即位を主張する正統王朝派（ブルボン派）とブルボン家の分家であるオルレアン家の人間を王位に担ごうとするオルレアン派が、激しい争いを繰り広げた。なお、正統王朝派の中でも特にブルボン王朝の嫡系を強く支持する一派をユルトラ（過激王党派）と呼ぶ。

オルレアン家

ブルボン家の分家。フランス革命期に国王処刑に賛成したため、ブルボン家（ブルボン派）とその後激しく対立。オルレアン家のルイ＝フィリップが一八三〇年七月革命で王位についたが、一八四八年二月革命で退位。

改革宴会（banquet）

七月王制末期、選挙法改正と議会改革を求めて開かれた反政府政治集会。当時公開の集会は禁止されていたため、宴会の乾杯の言葉として政治演説をおこない世論に訴えたもの。二月革命の導因となった。

教権主義

カトリック教会またはカトリック政党の政治的主張、立場。一般的には反民主主義、反自由主義、反社会主義であり、権威主義的政治秩序を良しとする。

告解

カトリックにおいて、神の赦しを請うために、神と司祭の前で自らの罪を告白すること。

七月王制

一八三〇年七月革命で成立した王制。オルレアン家のルイ゠フィリップが王位につく。二月革命で崩壊。

ストア派

ゼノンによって創始されたギリシャ哲学の一学派。汎神論的唯物論の立場に立ち、世界の一切は、遍在するロゴス（理性、神）の摂理として、必然的な秩序（コスモス）として生起するとした。またこのような世界は一つの巨大なポリスであると考え、コスモポリタニズム（世界市民主義）を主張した。

第一次王制復古

一八一四年ナポレオン一世の第一帝制崩壊後、ブルボン家のルイ十八世が王位についたこと。

第一帝制

ナポレオン一世（ナポレオン・ボナパルト）を皇帝とする、フランス最初の皇帝政治。通常は一八〇四年のナポレオン皇帝即位から一八一四年の退位までをさす。第一帝政とも書く。

第三共和制

一八七〇年の第二帝制崩壊後に成立したフランス三度目の共和主義政治体制。成立当初は極めて不安定で長期の存続は予想されていなかったが、現実には一九四〇年のナチス・ドイツによるフランス占領まで続いた。第三共和政とも書く。

第二共和制

一八四八年二月革命後成立したフランス二度目の共和主義政治体制。一八五一年共和国大統領ルイ・ナポレオン自身のクーデタおよび翌年のナポレオン三世としての皇帝即位に伴いわずか四年と十ヵ月で崩壊。第二共和政とも書く。

第二次王制復古

一八一五年、ナポレオンの百日天下が終わり、ブルボン家のルイ十八世が再び王位についたこと。

第二帝制

第二共和制大統領ルイ・ナポレオン（ナポレオン一世の甥）が自らクーデタを起こし、皇帝ナポレオン三世として即位した一八五二年から普仏戦争敗北に伴い崩壊した一八七〇年までの皇帝政治。第二帝政とも書く。

トーテミズム（トーテム、トーテム原理）

アメリカ、オーストラリア、メラネシア、ポリネシア、アフリカなどのいわゆる未開社会に見られる、特定の動植物や自然物と社会集団およびその成員との間にある特殊な制度的関係。この特定の物をトーテムと呼ぶ（動物種であることが多い）。トーテムとその社会の成員との間に共通するとされるある種の本性をトーテム原理と呼ぶ。トーテムは氏族（クラン）と呼ばれる部族の下位集団ごとに異なる。デュルケームは、氏族ごとのトーテムの違いが当該社会の世界認識枠組を構成していることを指摘した。

反セム主義

反ユダヤ主義のこと。

亡命貴族

フランス革命勃発に伴いヨーロッパ各地に亡命した貴族たちのこと。主な亡命地は、コブレンツ（現ドイツ内）、ロンドン、トリノ、ウィーン、サンクト＝ペテルブルクなど。彼らによって結成された反革命の軍隊を亡命貴族軍と呼ぶ。

ラビ

ユダヤ教の聖職者のこと。カトリックの神父、プロテスタントの牧師におおよそ相当。

リセ

フランスの中等教育機関。日本の高校に相当。

レジオン・ドヌール勲章

軍事面または文化・社会的領域において功績があった人物に与えられるフランスの最高勲章。一八〇二年ナポレオン一世によって制定。

西暦	トクヴィル・デュルケーム・ベルクソン略年譜（［ ］内の数字は年齢）	フランス史
一七九一	エルヴェ・ドゥ・トクヴィル（父）、亡命貴族軍に参加	
一七九三		ルイ十六世処刑 ロベスピエール独裁開始
一七九四		テルミドール反動、ロベスピエール処刑
一八〇四		ナポレオン一世即位、第一帝制成立
一八〇五	アレクシス・ドゥ・トクヴィル［0］、パリにて誕生（7月）	
一八一四		ナポレオン一世退位、ルイ十八世即位、第一次王制復古成立
一八一五		ナポレオン、エルベ島より帰還（3月）、百日天下 ナポレオン失脚（7月）、第二次王制復古成立
一八一七	父エルヴェ、モーゼル県知事としてメッスに赴任	
一八二〇	トクヴィル［15］、メッスに転居	
一八二四		ルイ十八世没、シャルル十世即位
一八三〇		七月革命勃発、ルイ＝フィリップ即位、七月王制成立

	トクヴィル〔25〕、新政権に宣誓	
一八三一	トクヴィル〔26〕とボーモン、刑務所調査のためアメリカに渡る	
一八三二	トクヴィル〔27〕とボーモン、フランスに帰国	
一八三五	トクヴィル〔30〕、『アメリカのデモクラシー』第一巻刊行	
一八三六	トクヴィル〔31〕、論文「一七八九年以前と以後におけるフランスの社会・政治状態」の原稿をJ・S・ミルに送り、英訳で雑誌掲載	ティエール内閣成立
一八三九	トクヴィル〔34〕、下院議員に選出	
一八四〇	トクヴィル〔35〕、『アメリカのデモクラシー』第二巻刊行	
一八四一	トクヴィル〔36〕、アカデミー・フランセーズ会員に選出	
一八四七		改革宴会拡大開始
一八四八	トクヴィル〔43〕、革命を予期する議会演説（1月）	二月革命勃発、第二共和制成立 六月事件（六月蜂起）、カヴェニャックによる鎮圧後、カヴェニャック内閣成立 ルイ・ナポレオン、大統領選挙に当選（12月）

一八四九	トクヴィル［44］、バロー内閣の外務大臣に就任（6月）、のち辞任（10月）	
一八五〇	トクヴィル［45］、『回想録』執筆開始	
一八五一		ルイ・ナポレオンのクーデタ
一八五二		ルイ・ナポレオン、ナポレオン三世として即位、第二帝制成立
一八五三		クリミア戦争勃発
一八五六	トクヴィル［51］、『旧体制と大革命』刊行	クリミア戦争終結
一八五八	エミール・デュルケーム［0］、エピナルにて誕生（4月）	
一八五九	トクヴィル［享年53］、カンヌにて死去（4月） アンリ・ベルクソン［0］、パリにて誕生（10月）	
一八七〇		普仏戦争、ナポレオン三世失脚、第三共和制成立
一八七一		ボルドー協定、パリ・コミューン。ティエール、大統領に選出
一八七三		マクマオン、大統領に選出
一八七八	ベルクソン［19］、エコール・ノルマル・シュペリウール（高等師範学校）入学	

一八七九	デュルケーム〔21〕、エコール・ノルマル・シュペリウール入学	ジュール・フェリー文部大臣に就任
一八八〇		ジュール・フェリー内閣成立
一八八一	ベルクソン〔22〕、エコール・ノルマル・シュペリウール卒業、教授資格取得	初等教育無償法（フェリー法）成立
一八八二	デュルケーム〔24〕、エコール・ノルマル・シュペリウール卒業、教授資格取得	初等教育の義務化・世俗化法（フェリー法）成立
一八八六	デュルケーム〔28〕、ドイツに留学	
一八八七	デュルケーム〔29〕、ボルドー大学講師に就任	
一八八九	ベルクソン〔30〕、『意識に直接与えられたものについての試論』刊行	
一八九三	デュルケーム〔35〕、『社会分業論』刊行	
一八九四		ドレフュス逮捕、終身流刑判決
一八九五	デュルケーム〔37〕、『社会学的方法の規準』刊行	
一八九六	ベルクソン〔37〕、『物質と記憶』刊行	
一八九七	デュルケーム〔39〕、『自殺論』刊行	

一八九八	デュルケーム〔40〕、『社会学年報』創刊。論文「個人主義と知識人」発表 ベルクソン〔39〕、エコール・ノルマル・シュペリウール講師に就任	エミール・ゾラ「私は告発する」を発表しイギリスへ亡命、ドレフュス事件社会問題化
一八九九		ドレフュス再審、有罪。のち、大統領恩赦により釈放
一九〇〇	ベルクソン〔41〕、『笑い』刊行、コレージュ・ド・フランス教授に就任	
一九〇二	デュルケーム〔44〕、ソルボンヌ大学講師に就任	
一九〇四		修道会による教育の禁止令、教皇庁と断交
一九〇五		政教分離法成立
一九〇六	デュルケーム〔48〕、ソルボンヌ大学教授に就任	ドレフュス有罪判決破棄
一九〇七	ベルクソン〔48〕、『創造的進化』刊行	
一九一二	デュルケーム〔54〕、『宗教生活の原初形態』刊行 ベルクソン〔53〕、「魂と身体」と題する講演	
一九一四	ベルクソン〔55〕、アカデミー・フランセーズ会員に選出、『創造的進化』がカトリック禁書目録に登録	第一次世界大戦勃発、ユニオン・サクレ

一九一五	デュルケーム〔57〕、息子アンドレ戦死	
一九一七	デュルケーム〔享年59〕、パリにて死去（11月） ベルクソン〔58〕、フランス政府外交特使としてアメリカに派遣	
一九一八		第一次世界大戦終結
一九一九		ブロック・ナショナル体制成立
一九二〇		ジャンヌ・ダルク列聖、コンコルダート体制容認（アルザス、ロレーヌ）
一九二二	ベルクソン〔63〕、国際連盟国際知的協力委員会議長就任	
一九二七	ベルクソン〔68〕、ノーベル文学賞受賞	
一九三二	ベルクソン〔73〕、『道徳と宗教の二源泉』刊行	
一九三九		第二次世界大戦勃発
一九四〇		独仏休戦条約調印、ヴィシー体制、パリを含むフランスの過半がドイツ占領下に
一九四一	ベルクソン〔享年81〕、パリにて死去（1月）	

「社会《しゃかい》」の誕生《たんじょう》

トクヴィル、デュルケーム、ベルクソンの社会《しゃかい》思想《しそう》史《し》

二〇一一年　八月一〇日　第一刷発行
二〇二四年　八月　一日　第二刷発行

発行者　森田浩章
発行所　株式会社　講談社
東京都文京区音羽二丁目一二―二一　〒一一二―八〇〇一
電話（編集）〇三―五三九五―三五一二
　　（販売）〇三―五三九五―五八一七
　　（業務）〇三―五三九五―三六一五

著者　菊《きく》谷《たに》和《かず》宏《ひろ》

装幀者　奥定泰之
本文データ制作　講談社デジタル製作
本文印刷　株式会社新藤慶昌堂
カバー・表紙印刷　半七写真印刷工業株式会社
製本所　大口製本印刷株式会社

KODANSHA

ISBN978-4-06-258508-8　Printed in Japan　N.D.C.360　212p　19cm

講談社選書メチエ　刊行の辞

書物からまったく離れて生きるのはむずかしいことです。百年ばかり昔、アンドレ・ジッドは自分にむかって「すべての書物を捨てるべし」と命じながら、パリからアフリカへ旅立ちました。旅の荷は軽くなかったようです。ひそかに書物をたずさえていたからでした。ジッドのように意地を張らず、書物とともに世界を旅して、いらなくなったら捨てていけばいいのではないでしょうか。

現代は、星の数ほどにも本の書き手が見あたります。読み手と書き手がこれほど近づきあっている時代はありません。きのうの読者が、一夜あければ著者となって、あらたな読者にめぐりあう。その読者のなかから、またあらたな著者が生まれるのです。この循環の過程で読書の質も変わっていきます。人は書き手になることで熟練の読み手になるものです。

選書メチエはこのような時代にふさわしい書物の刊行をめざしています。

フランス語でメチエは、経験によって身につく技術のことをいいます。道具を駆使しておこなう仕事のことでもあります。また、生活と直接に結びついた専門的な技能を指すこともあります。

いま地球の環境はますます複雑な変化を見せ、予測困難な状況が刻々あらわれています。

そのなかで、読者それぞれの「メチエ」を活かす一助として、本選書が役立つことを願っています。

一九九四年二月　　野間佐和子

講談社選書メチエ　哲学・思想Ⅰ

MÉTIER

ヘーゲル『精神現象学』入門	長谷川 宏
カント『純粋理性批判』入門	黒崎政男
知の教科書　ウォーラーステイン	川北 稔編
知の教科書　スピノザ	C・ジャレット 石垣憲一訳
知の教科書　ライプニッツ	F・パーキンズ 梅原宏司・川口典成訳
知の教科書　プラトン	M・エルラー 三嶋輝夫ほか訳
フッサール　起源への哲学	斎藤慶典
完全解読　ヘーゲル『精神現象学』	竹田青嗣 西 研
完全解読　カント『純粋理性批判』	竹田青嗣
分析哲学入門	八木沢 敬
ドイツ観念論	村岡晋一
ベルクソン＝時間と空間の哲学	中村 昇
精読　アレント『全体主義の起源』	牧野雅彦
ブルデュー　闘う知識人	加藤晴久
九鬼周造	藤田正勝
夢の現象学・入門	渡辺恒夫
熊楠の星の時間	中沢新一
ヨハネス・コメニウス	相馬伸一
アダム・スミス	高 哲男
ラカンの哲学	荒谷大輔
解読　ウェーバー『プロテスタンティズムの倫理と資本主義の精神』	橋本 努
新しい哲学の教科書	岩内章太郎
西田幾多郎の哲学＝絶対無の場所とは何か	中村 昇
アガンベン《ホモ・サケル》の思想	上村忠男
ドゥルーズとガタリの『哲学とは何か』を精読する	近藤和敬
使える哲学	荒谷大輔
ウィトゲンシュタインと言語の限界	ピエール・アド 合田正人訳
〈実存哲学〉の系譜	鈴木祐丞
パルメニデス	山川偉也
精読　アレント『人間の条件』	牧野雅彦
快読　ニーチェ『ツァラトゥストラはこう言った』	森 一郎
構造の奥	中沢新一

講談社選書メチエ　社会・人間科学

MÉTIER

日本語に主語はいらない	金谷武洋
テクノリテラシーとは何か	齊藤了文
どのような教育が「よい」教育か	苫野一徳
感情の政治学	吉田　徹
マーケット・デザイン	川越敏司
「社　会《コンヴィヴィアリテ》」のない国、日本	菊谷和宏
権力の空間／空間の権力	山本理顕
地図入門	今尾恵介
国際紛争を読み解く五つの視座	篠田英朗
易、風水、暦、養生、処世	水野杏紀
丸山眞男の敗北	伊東祐吏
新・中華街	山下清海
ノーベル経済学賞	根井雅弘編著
日本論	石川九楊
丸山眞男の憂鬱	橋爪大三郎
危機の政治学	牧野雅彦
主権の二千年史	正村俊之
機械カニバリズム	久保明教
暗号通貨の経済学	小島寛之
電鉄は聖地をめざす	鈴木勇一郎
日本語の焦点　日本語「標準形《スタンダード》」の歴史	野村剛史
ワイン法	蛯原健介
MMT	井上智洋
快楽としての動物保護	信岡朝子
手の倫理	伊藤亜紗
現代民主主義　思想と歴史	権左武志
やさしくない国ニッポンの政治経済学	田中世紀
物価とは何か	渡辺　努
SNS天皇論	茂木謙之介
英語の階級	新井潤美
目に見えない戦争	イヴォンヌ・ホフシュテッター　渡辺　玲訳
英語教育論争史	江利川春雄
人口の経済学	野原慎司

最新情報は公式ウェブサイト→https://gendai.media/gakujutsu/